Jutta Schmeiler / Nicole Schröder

Die
MAGNET
Werkstatt

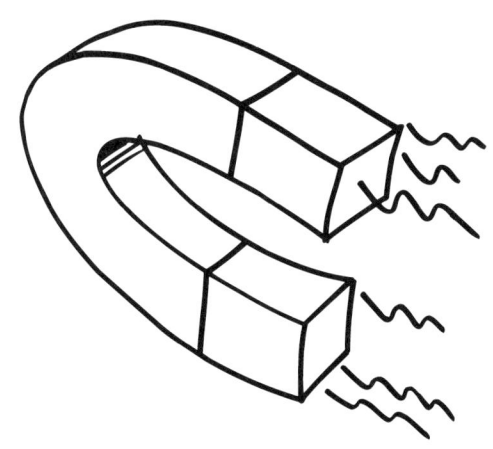

Verlag an der Ruhr

IMPRESSUM

Titel:	**Die Magnet-Werkstatt**
Autorinnen:	Jutta Schmeiler / Nicole Schröder
Illustrationen:	Jens Müller u.a.
Druck:	Druckerei Uwe Nolte, Iserlohn
Verlag:	**Verlag an der Ruhr**

Alexanderstraße 54 – 45472 Mülheim an der Ruhr
Postfach 10 22 51 – 45422 Mülheim an der Ruhr
Tel.: 02 08/439 54 700 – Fax: 02 08/439 54 239
E-Mail: info@verlagruhr.de
www.verlagruhr.de

© **Verlag an der Ruhr 2004**
ISBN 978-3-86072-859-8

geeignet für die Klasse  3 4

Die Schreibweise der Texte folgt der neuesten Fassung der Rechtschreibregeln – gültig ab August 2006.

Ein weiterer Beitrag zum Umweltschutz:

Das Papier, auf das dieser Titel gedruckt ist, hat ca. **50% Altpapieranteil,** der Rest sind **chlorfrei** gebleichte Primärfasern.

ÖKOPROFIT®-Betrieb und setzen uns damit aktiv für den Umweltschutz ein. Das ÖKOPROFIT®-Projekt unterstützt Betriebe dabei, die Umwelt durch nachhaltiges Wirtschaften zu entlasten und Kosten zu senken.

Alle Vervielfältigungsrechte außerhalb der durch die Gesetzgebung eng gesteckten Grenzen (z.B. für das Fotokopieren) liegen beim Verlag. Der Verlag untersagt ausdrücklich das Speichern und Zur-Verfügung-Stellen dieses Buches oder einzelner Teile davon im Intranet, Internet oder sonstigen elektronischen Medien. Kein Verleih.

INHALTSVERZEICHNIS

Vorwort 4
Arbeits-Pass 8

Ein Magnet zieht Dinge aus Eisen an

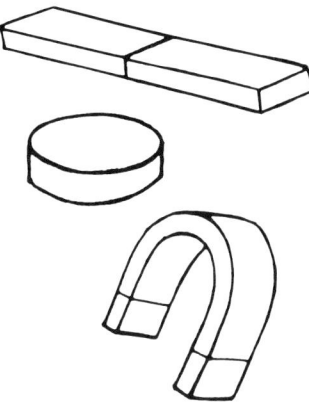

Was zieht ein Magnet an? 9a/24
Eisen-Detektive 9b
Wir untersuchen den Euro 10a/25

Unterschiedliche Magnetformen

Unterschiedliche Magnete 10b/26
Wer ist am stärksten? 11a/27
Wo die Kraft am stärksten ist 11b/28

Ein Magnet hat zwei Pole

Autofahrt 12a/29
Magnetpole 12b/30
Polrätsel 13a
Schwebender Magnet 13b

Die Magnetkraft

Ein Magnet hat Kraft 14a/31
Anziehende Kräfte 14b/32
Wasser und Magnete 15a/33

Wie funktioniert ein Magnet?

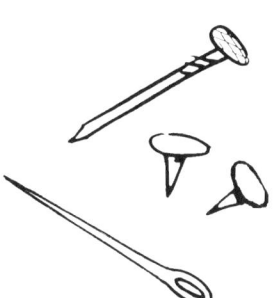

Woraus besteht ein Magnet? 15b/34
Steckt Magnetismus an? (1) 16a/35
Steckt Magnetismus an? (2) 16b/36

Magnetfelder

Die unsichtbare Magnetkraft 17a/37
Das Magnetfeld 17b/38

Wissenswertes rund um Magnete

Reise in die Vergangenheit 18a/39
Geheimnisvolle Steine 18b/40
Der größte Magnet (1) 19a/41
Der größte Magnet (2) 19b/42
Ein selbstgebauter Kompass 20a/43
Der Kompass 20b/44
Tiere und das Magnetfeld (1/2) 21a/45/46
Wozu brauchen wir Magnete? 21b/47

Schreib-, Bastel- und Spielideen

Anziehende Geschichten 22a/48
Kühlschrank-Magnete 22b/49
Bootsrennen 23a/50
Farbenangeln 23b/51

Literatur-/Internettipps 52

VORWORT

Magnetismus erscheint uns als geheimnisvolle Kraft, die wir weder sehen, hören, riechen noch fühlen können. Dennoch bringen Kinder zahlreiche Vorerfahrungen zum Thema mit, da Magnete häufig in ihrem Alltag auftauchen. Magnete kennen sie z.B. von Magnetspielen, Magnettafeln oder Möbeln. Durch diese Lebensnähe und durch die faszinierende, unsichtbare Kraft lassen sich Kinder schnell für das Thema Magnetismus begeistern.

Mit dieser Materialsammlung können Sie in Ihrer Klasse einen Wissensgrundstein legen und/oder vorhandenes Wissen gezielt ausbauen: In abwechslungsreichen Experimenten erkunden die Kinder das Phänomen Magnetismus, indem sie Hypothesen bilden und anschließend überprüfen. Sie lernen verschiedene Materialien kennen und üben den sachgerechten Umgang damit. Sie eignen sich Wissen mit Hilfe der zahlreichen Informationenstexte an und gebrauchen Fachbegriffe situationsgerecht. Zudem bleibt ihnen genügend Raum für den spielerischen und kreativen Umgang mit dem Thema.

Aufbau der Magnet-Werkstatt

Das vorliegende Unterrichtsmaterial ist **fächerübergreifend** angelegt und bezieht sich auf den Sach-, Deutsch- und Kunstunterricht. Unseres Erachtens eignet sich das Material für ein **drittes** bis **viertes Schuljahr**. Die Werkstatt beinhaltet acht Übungsbereiche:

- **Ein Magnet zieht Dinge aus Eisen an**
- **Unterschiedliche Magnetformen**
- **Ein Magnet hat zwei Pole**
- **Die Magnetkraft**
- **Wie funktioniert ein Magnet?**
- **Magnetfelder**
- **Wissenswertes rund um Magnete**
- **Schreib-, Bastel- und Spielideen**

Diese Übungsbereiche sind der Übersichtlichkeit halber für Sie noch einmal im Inhaltsverzeichnis aufgeführt. Für die Kinder dagegen tauchen die Bereichsbezeichnungen in den Arbeitsblättern oder dem Arbeits-Pass nicht mehr auf.

Tipps zur Unterrichtsorganisation

Der Einstieg

Sprechen Sie mit den Kindern in einem ersten **Gesprächskreis** über ihr **Vorwissen** über Magnete, um in das Thema Magnetismus einzusteigen. Fragen Sie sie, wo sie schon einmal im Alltag einen Magneten gesehen haben, was sie dabei beobachtet haben, welche Funktion er dabei hatte etc.

Im Anschluss bietet es sich an, die allgemeinen **Werkstattregeln** und besonders auch den **Umgang** mit Magneten zu besprechen. (Eine Auflistung der relevanten Regeln finden Sie auf der Seite 5.)

Für die Werkstatt müssen Sie eine Reihe von Materialien bereitstellen. Sie können sich die Suche nach entsprechenden Materialien erleichtern, wenn Sie die Kinder im Vorfeld bitten, einige gängige Materialien selbst mitzubringen (siehe Materialliste auf der Seite 7). Bei uns hat sich gezeigt, dass dies die Kinder für „ihre" Werkstatt gerne tun. Zusätzlich brachten einige Kinder auch Experimentierkästen und Bücher für den Werkstatttisch mit.

Arbeits-Pass

Stellen Sie sich zu Beginn der Werkstattarbeit Ihre persönliche Werkstatt zusammen. Hierfür ist der Arbeits-Pass als **Blankovorlage** (s. S. 8) gestaltet worden, damit Sie diesen individuell für Ihren Unterricht anpassen und vervollständigen können. Tragen Sie also in die Vorlage den Namen der ausgewählten Angebote ein.

Kopieren Sie den Arbeits-Pass in Klassenstärke und teilen Sie ihn an jedes Kind aus. Sobald ein Kind eine bestimmte Aufgabe erledigt hat, hakt es diese im Arbeits-Pass ab. Er hilft den Kindern, aber auch Ihnen als Lehrer*, einen **Überblick** über den Stand der Arbeit zu behalten. Zusätzlich kann eine große **Liste** in der Klasse, auf der sowohl die Namen aller Kinder, als auch die einzelnen Arbeitsaufträge notiert und abgehakt werden, einen schnellen Gesamtüberblick über den Stand der ganzen Klasse liefern. Hierzu haken die Kinder auch auf dieser Liste die Angebote ab, die sie bereits erledigt haben.

---

* Aus Gründen der besseren Lesbarkeit verwenden wir in dieser Mappe die männliche Form. Wir bitten alle Leserinnen, sich ebenso angesprochen zu fühlen.

VORWORT

Angebote, die Sie für besonders wichtig halten, können Sie mit einem Symbol als **Pflichtaufgaben** im Arbeits-Pass kennzeichnen. Diese Kennzeichnung unterstützt dabei auch diejenigen Kinder, denen das selbstständige Auswählen und Arbeiten schwerfällt.

Werkstattarbeit

Die tägliche Arbeitszeit an der Magnet-Werkstatt sollte mindestens eine **Doppelstunde** betragen. Es ist sinnvoll, alle zwei oder drei Tage einen **Werkstattkreis** zu machen, in dem auftretende Probleme besprochen und Ergebnisse präsentiert werden sowie ein Ausblick auf die Weiterarbeit gegeben werden kann.
Motivierend ist für die Kinder, dass sie während der Werkstattarbeit ihr eigenes Magnet-Heft erstellen und von Werkstattkreis zu Werkstattkreis ein dickeres Heft präsentieren können.
Die Kinder wählen während der Arbeitsphasen meist frei eine der **Sozialformen** Einzel-, Partner- oder Gruppenarbeit aus. Es gibt jedoch Aufträge, die zusammen mit einem Partner erledigt werden müssen. Auf den Auftragskarten ist dann bei „Du brauchst" entsprechend aufgeführt, ob sie einen oder mehrere Partner benötigen.

Chefprinzip

Um selbst als Lehrer in den Phasen der Unterrichtsarbeit entlastet zu werden und Zeit für Gespräche und Beobachtungen zu haben, aber auch um die **Selbstständigkeit** der Kinder zu fördern, empfiehlt es sich, dass jedes Kind „Chef" mindestens einer Lernaufgabe wird. Ernennen Sie ein Kind zum „Chef" einer Aufgabe, wenn es ein Angebot problemlos lösen konnte und es Chef dieses Angebots werden möchte. Der „Chef" ist dann die **erste Anlaufstelle** bei auftretenden Schwierigkeiten.
Kennzeichnen Sie einzelnen Angebote mit den Namen der Chefs, damit jedes Kind sofort weiß, an wen es sich wenden kann.

Arbeitsmaterialien

Um den Kindern das Suchen der entsprechenden **Arbeitsblätter** zu erleichtern, sollten diese in Klassenstärke in Hängeregistern aufbewahrt werden. Von den **Informationsblättern** reichen etwa drei bis vier, am besten laminierte, Exemplare aus, da die Kinder die Blätter nach Beendigung der Aufgabe sofort wieder zurücklegen sollen.

Die **Arbeitsaufträge** hingegen können in einen Karteikasten in der Nähe der entsprechenden Arbeitsblätter gestellt werden.
Auf den Arbeitsaufträgen steht ganz genau, welche Arbeitsblätter und Materialien die Kinder für dieses Angebot benötigen. Zudem können sie dem Arbeitsauftrag eine detaillierte Arbeitsanweisung entnehmen. Die Kinder nehmen den entsprechenden Arbeitsauftrag mit auf ihren Platz, lesen ihn aufmerksam durch und beginnen dann, sich alle Zusatzmaterialien für das Angebot zu holen.
Das notwendige **Zusatzmaterial** legen wir immer auf einem **Werkstatttisch** bereit. Damit dieser Tisch auch bis zum Ende der Werkstatt in Ordnung bleibt, richten wir stets einen Werkstattdienst ein, der nach dem Rechten schaut und ggf. aufräumt.

Werkstattregeln

Die Werkstattregeln sollten nach der gemeinsamen Besprechung mit den Kindern für alle sichtbar im Klassenraum aufgehängt werden. Folgende **Regeln** haben sich in unserer Praxis bewährt:

- Wenn ich eine Station beginne, mache ich sie erst fertig, bevor ich die nächste auswähle.
- Ich arbeite leise, damit auch die anderen Kinder konzentriert arbeiten können.
- Bearbeitete Stationen hake ich sorgfältig auf dem Arbeits-Pass ab.
- Ich gehe vorsichtig mit den Materialien um.
- Benutzte Materialien bringe ich wieder an ihren Platz zurück.
- Wenn ich nicht mehr weiterweiß, frage ich den „Chef".
- Wenn ein Angebot belegt ist, wähle ich ein anderes aus.

Regeln zum Umgang mit Magneten

Damit die Magnete lange **funktionstüchtig** bleiben, ist bei der Arbeit mit ihnen und bei ihrer Lagerung Folgendes mit den Kindern zu besprechen:

- Magnete nicht fallen lassen.
- Nicht auf Magnete schlagen.
- Magnete von anderen eisenhaltigen Materialien getrennt aufbewahren.
- Magnete möglichst flach liegend aufbewahren und dabei ungleichnamige Pole aneinanderlegen.

HINWEISE ZU DEN ANGEBOTEN

Was zieht ein Magnet an?/ Eisendetektive (S. 9/24)

Auf den Arbeitsblättern haben wir uns bewusst darauf beschränkt, dass ein Magnet Dinge aus Eisen anzieht. Im Verlauf der Werkstatt, insbesondere im Zusammenhang mit dem Angebot „Wir untersuchen den Euro" sollten Sie die Kinder darauf hinweisen, dass ein Magnet auch andere Metalle, nämlich Kobalt und Nickel anzieht.

Wir untersuchen den Euro (S. 25)

Magnete ziehen Münzen dann an, wenn sie einen Kern aus Eisen (Stahl) oder Nickel haben.

Unterschiedliche Magnete (S. 26)

Die künstlich hergestellten Magnete auf diesem Arbeitsblatt lassen sich unter dem Begriff der Dauermagneten zusammenfassen. Bei sachgerechtem Umgang verlieren diese ihre Magnetkraft nicht.

Wer ist am stärksten? (S. 27)

Das Lösungswort lautet: **Magnetkraft**

Wo die Kraft am stärksten ist (S. 28)

Lösungssatz: „Die Anziehungskraft des Magneten ist an seinen Enden, den Polen, am stärksten. Die Mitte des Magneten übt fast keine magnetische Kraft aus."

In der Mitte eines Magneten, also zwischen den Polen, übt ein Magnet keine Kraft aus. Dieser Bereich wird deshalb auch „neutrale Zone" genannt. Beim Hufeisenmagneten liegt die neutrale Zone in der Mitte seines Bogens.

Magnetpole (S. 30)

Damit die Kinder herausfinden können, ob auch ein Hufeisenmagnet einen Nord- und einen Südpol hat, geben Sie dem Chef dieser Aufgabe den Tipp, den Magneten an einen Faden zu hängen. Der Faden sollte in der Mitte des gebogenen Teiles befestigt werden. Mit einem Stabmagneten können die Kinder an der Drehbewegung des Hufeisenmagneten feststellen, dass sich die Enden abstoßen (dreht in die entgegengesetzte Richtung) oder anziehen (dreht sich zum Stabmagneten hin).

Anziehende Kräfte (S. 32)

Gegenstände, die von einem Magneten selbst nicht angezogen werden, lassen die Magnetkraft durch. Die Büroklammer wird angezogen. Bei Gegenständen aus Eisen oder Stahl, Nickel oder Kobalt wirkt die Kraft nicht hindurch. Dies liegt daran, dass diese Metalle selbst von dem Magneten angezogen werden und die Magnetkraft auf der Seite zur Büroklammer hin abschirmen.

Steckt Magnetismus an? (2) (S. 36)

Feste Stöße können den Magnetismus in der Nadel verringern oder ganz verschwinden lassen. Dasselbe ist der Fall, wenn man die Nadel erhitzen würde. Hitze und Stöße bringen die durch den Magneten geordneten Eisenmoleküle in Unordnung, sodass die Nadel ihre Zugkraft verliert.

Die unsichtbare Magnetkraft/ Magnetfelder (S. 37/38)

Es ist wichtig, vor der Bearbeitung mit den Kindern über den vorsichtigen Umgang mit Eisenspänen zu sprechen, um gesundheitliche Risiken von vornherein zu vermeiden.

Die Eisenspäne zeigen die Feldlinien an, die der Magnet oder die gegenüberliegenden Magnete erzeugen.

Zu S. 37: An den Polen bilden sich besonders dichte Feldlinien. Längs des Magneten bilden sich gebogene Feldlinien, die von einem Pol zum anderen gehen.

Zu S. 38: Während man bei Versuch 1 Feldlinien auch zwischen den gegenüberliegenden Polen der Magnete sehen kann, weist der Zwischenraum der Magnete bei Versuch 2 keine verbindenden Feldlinien auf. Die Eisenspäne ordnen sich hier rautenförmig an.

Der größte Magnet (1)/(2) (S. 41/42)

Zu S. 41: Der Stabmagnet stellt sich nach einiger Zeit so ein, dass das eine Ende nach Norden und das andere Ende nach Süden zeigt. Egal, von wo aus sie ihren Versuch beginnen. Lassen Sie die Kinder verschiedenfarbige Stabmagnete verwenden, so wird es ihnen deutlicher, dass sich die Enden immer zum selben Punkt ausrichten.

Zu S. 42: Weisen Sie die Kinder darauf hin, dass es einen *geographischen* Nord- und Südpol und einen *magnetischen* Nord- und Südpol gibt. Stellt man sich den Erdmagnetismus als Stabmagneten vor, der in der Erdkugel liegt, so zeigt der

HINWEISE ZU DEN ANGEBOTEN

magnetische Südpol zum geographischen Nordpol unsere Erde, da sich entgegengesetzte Pole anziehen. Entsprechend liegt der magnetische Nordpol in der Südhalbkugel. Allerdings liegen die geographischen und magnetischen Pole nicht genau aufeinander, sondern etwas versetzt. Die Zeichnung auf dem Arbeitsblatt lässt erkennen, dass der magnetische Südpol links neben dem geographischen Nordpol liegt.

Der Kompass (S. 44)

Zur Vertiefung des Angebotes zeigen Sie den Kindern im Sitzkreis, wie man den Kompass und eine Landkarte nutzen kann, um die Wegrichtung zu einem bestimmten Ziel zu finden. Erklären Sie dazu den Kindern, dass sich eine Kompassnadel nach den Feldlinien des Erdmagnetismus ausrichtet (vgl. auch das Angebot „Der größte Magnet (2)" auf Seite 42). Die Feldlinien verlaufen vom magnetischen Nordpol zum magnetischen Südpol. Der Nordpol der Nadel zeigt immer nach Norden, weil in der Nähe des geographischen Nordpols ein magnetischer Südpol ist. Dieser zieht den Nordpol der Nadel an.

Weisen Sie die Kinder auf den eingezeichneten Nordpfeil oder die Windrose hin, die sich auf einer Landkarte befindet. Geben Sie den Hinweis, dass die Kompassnadel und der Nordpfeil der Karte in die gleiche Richtung zeigen müssen. Lassen Sie die Kinder dann ausprobieren, wie sie die Landkarte entsprechend der Kompassnadel drehen müssen. Ist die Karte „eingenordet", können die Kinder die Wegrichtung zu einem von Ihnen festgelegten Ziel auf der Karte bestimmen.

Was Sie für die Magnet-Werkstatt brauchen

Folgende Materialien finden sich in der Experimentierbox „Magnet und Kompass" des Cornelsen Verlages (CVK-Kasten), die an vielen Schulen bereits vorhanden ist. Falls Sie an Ihrer Schule keinen Magnetkasten zur Verfügung haben, können Sie die Magnete und Materialien auch bei bekannten Firmen für Unterrichtsmaterial bestellen. Adressen finden Sie bei den Literatur- und Internettipps auf der S. 52.

Benötigte Materialien

- kleine, farbig gekennzeichnete Stabmagnete (mindestens in Klassenstärke)
- 5 Hufeisenmagnete
- 5 Scheibenmagnete
- Kupferplatte 20 x 20 mm
- Eisenblechplatte 20 x 20 mm
- mehrere Kompasse

Nachstehende Materialien sind leicht zu beschaffen:

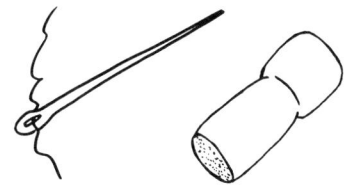

- alle Cent- und Euro-Münzen
- altes Brillenglas
- Atlas
- Blumenuntersetzer aus Plastik
- Büroklammern
- einige Spielzeugautos
- Faden
- Glas mit Eisenspänen
- Glasscheibe
- großes Trinkglas
- grüne und rote Wäscheklammern
- Klebeband
- Knetmasse
- Landkarten
- langes Lineal
- Lexika
- Nadeln
- Nägel
- Pappe
- Pinsel
- Plastikfolie
- Reagenzgläser (Glasröhrchen)
- Reißzwecke
- Schaschlikstäbe
- Schuhkartons
- Schüssel
- selbstklebendes Magnetband
- Spiegel
- Stopfnadeln
- Weinkorken
- weißer Tonkarton
- Wolle
- Zahnstocher

Arbeits-Pass

von: _____

Angebot	erledigt am	kontrolliert am

DIE MAGNET-WERKSTATT

Was zieht ein Magnet an?

Du brauchst:

- Arbeitsblatt „Was zieht ein Magnet an?" (S. 24)
- die auf dem Arbeitsblatt abgebildeten Gegenstände
- Magnet

So geht es:

1. Nimm dir einen Magneten und untersuche, ob die Gegenstände magnetisch sind.

2. Bearbeite das Arbeitsblatt.

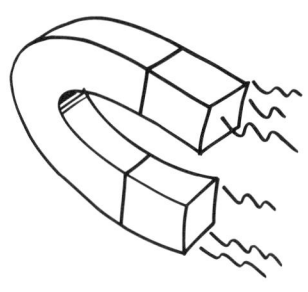

 **Dinge sind magnetisch, wenn sie von einem Magneten angezogen werden oder der Magnet an ihnen haftet.**

DIE MAGNET-WERKSTATT  9a

---

Eisen-Detektive

Du brauchst:

- leeres Schreibblatt
- Magnet

So geht es:

1. Du bist nun ein Eisen-Detektiv und sollst viele Dinge im Klassenraum finden, die aus Eisen sind. Nimm dazu den Magneten zur Hilfe.

2. Notiere deine Entdeckungen auf dem Blatt.

 **Ein Magnet zieht Eisen an.**

DIE MAGNET-WERKSTATT  9b

Wir untersuchen den Euro

Du brauchst:

- Arbeitsblatt „Wir untersuchen den Euro" (S. 25)
- alle Münzen
- Magnet

So geht es:

1. Lies dir den Info-Text aufmerksam durch.
2. Untersuche, ob die Euro- und Cent-Münzen magnetisch sind.
3. Bearbeite das Arbeitsblatt.

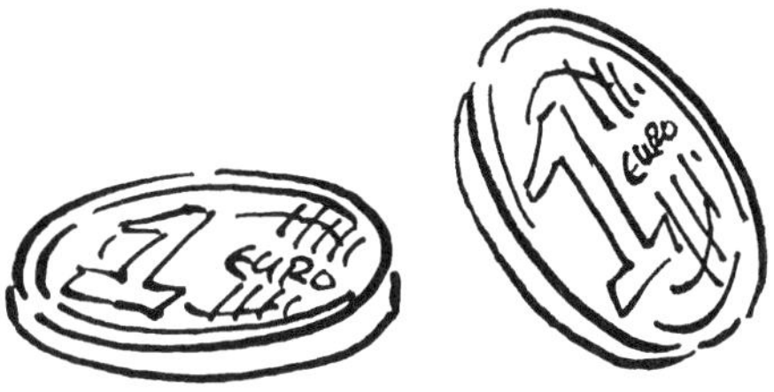

DIE MAGNET-WERKSTATT — 10a

Unterschiedliche Magnete

Du brauchst:

- Arbeitsblatt „Unterschiedliche Magnete" (S. 26)
- Schere
- Kleber

So geht es:

1. Bearbeite das Arbeitsblatt.
2. Vergleiche deine Lösung mit einem Partner.

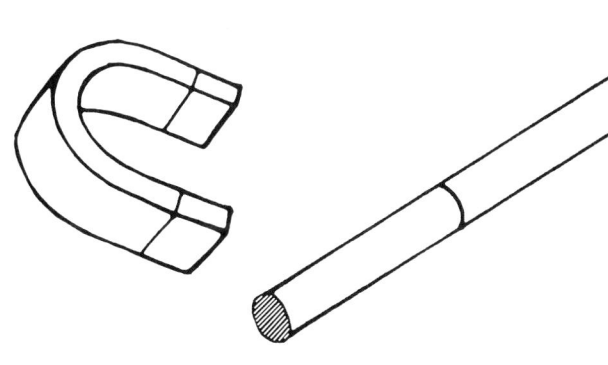

DIE MAGNET-WERKSTATT — 10b

Wer ist am stärksten?

Du brauchst:

- Arbeitsblatt „Wer ist am stärksten?" (S. 27)
- Stabmagnet
- Scheibenmagnet
- Hufeisenmagnet
- 30 cm langes Lineal
- drei Büroklammern

So geht es:

1. Lege die drei Magnete nebeneinander. Zwischen den Magneten soll immer 8 cm Platz sein.

2. Lege nun die drei Büroklammern vor das Lineal. Auch zwischen den Büroklammern soll immer 8 cm Abstand sein. Das Lineal muss weit genug von den Magneten entfernt liegen.

3. Bearbeite das Arbeitsblatt.

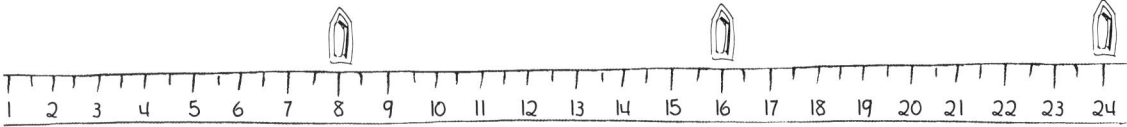

DIE MAGNET-WERKSTATT  — 11a

---

Wo die Kraft am stärksten ist

Du brauchst:

- Arbeitsblatt „Wo die Kraft am stärksten ist" (S. 28)
- Büroklammern
- Stabmagnet
- Hufeisenmagnet
- Nagel
- Faden

So geht es:

1. Schütte einige Büroklammern auf den Tisch und binde den Nagel an den Faden.

2. Bearbeite das Arbeitsblatt.

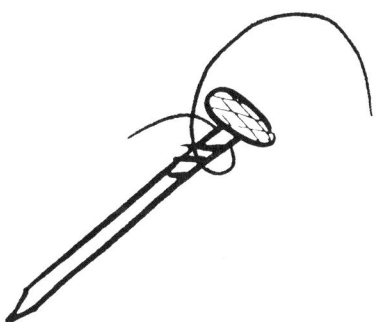

DIE MAGNET-WERKSTATT — 11b

Autofahrt

Du brauchst:

- Arbeitsblatt „Autofahrt" (S. 29)
- Spielzeugauto
- zwei Stabmagnete
- Klebeband

So geht es:

1. Klebe mit einem Stück Klebeband einen Magneten auf das Dach des Spielzeugautos.

2. Bearbeite das Arbeitsblatt.

 Achte darauf, wie der Magnet jeweils auf das Auto geklebt wurde. Schau dabei genau auf die Pole!

DIE MAGNET-WERKSTATT — 12a

Magnetpole

Du brauchst:

- Arbeitsblatt „Magnetpole" (S. 30)
- zwei Stabmagnete
- zwei Buntstifte (rot und grün)

So geht es:

1. Bearbeite das Arbeitsblatt.

2. Lass dir vom „Chef" dieses Angebotes für die letzte Aufgabe einen Tipp geben!

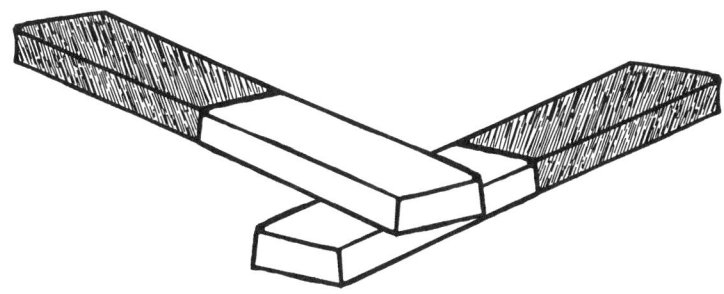

DIE MAGNET-WERKSTATT — 12b

Polrätsel

Du brauchst:
- einen Partner
- zwei Magnete
- Papier

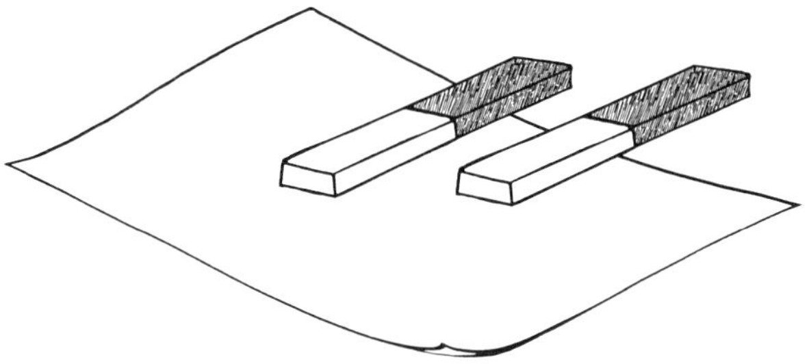

So geht es:

1. Bitte deinen Partner, einen Magneten in Papier einzuwickeln.

2. Finde nun heraus, wo sich der Nordpol und wo sich der Südpol befindet.

3. Konntest du das Rätsel lösen? Tauscht danach die Rollen, sodass jeder einmal das Rätsel lösen muss.

Für diesen Versuch solltest du das Arbeitsblatt „Magnetpole" schon bearbeitet haben!

DIE MAGNET-WERKSTATT — 13a

Schwebender Magnet

Du brauchst:
- Glasröhrchen
- zwei Stabmagnete
- Blatt Papier

So geht es:

1. Finde heraus, ob ein Magnet in einem Glasröhrchen schweben kann.

2. Überlege dir dazu, wie du die Magnete in dem Glasröhrchen anordnen solltest.
Achtung Verletzungsgefahr: Stecke die Magnete vorsichtig in das Glasröhrchen, damit es nicht kaputtgeht!

3. Zeichne deine Lösung auf ein Blatt und versuche zu erklären, warum ein Magnet so schweben kann.

Für dieses Experiment solltest du das Arbeitsblatt „Magnetpole" schon bearbeitet haben!

DIE MAGNET-WERKSTATT — 13b

Ein Magnet hat Kraft

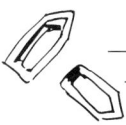

Du brauchst:

- einen Partner
- Arbeitsblatt „Ein Magnet hat Kraft" (S. 31)
- Schere
- Kleber

So geht es:

1. Bearbeite das Arbeitsblatt.

2. Vergleiche und kontrolliere deine Lösung mit deinem Partner, bevor du etwas aufklebst.

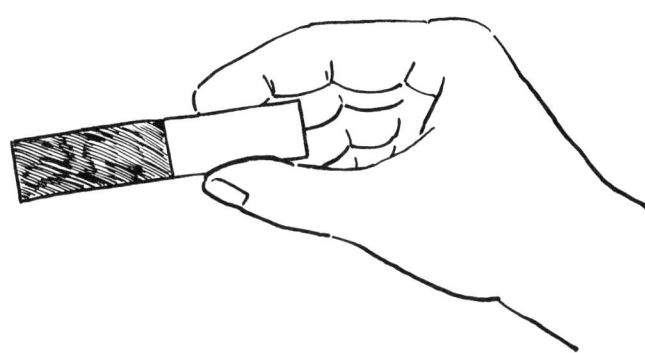

DIE MAGNET-WERKSTATT — 14a

Anziehende Kräfte

Du brauchst:

- Arbeitsblatt „Anziehende Kräfte" (S. 32)
- Stabmagnet
- Büroklammer
- Plastikfolie
- Eisenplättchen
- Kupferplättchen
- Pappe
- Papier
- Knete
- Pullover / T-Shirt
- Brillenglas
- 1-Euro-Münze

So geht es:

1. Lege eine Büroklammer auf den Tisch.

2. Halte immer einen Gegenstand aus der Tabelle (z.B. ein Stück Plastikfolie) direkt vor den Magneten und versuche, die Büroklammer durch diesen Gegenstand mit dem Magneten anzuziehen.

3. Bearbeite das Arbeitsblatt.

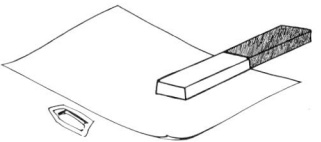

DIE MAGNET-WERKSTATT — 14b

Wasser und Magnete

Du brauchst:

- Arbeitsblatt „Wasser und Magnete" (S. 33)
- Magnet
- Glas
- Büroklammer
- Wasser

So geht es:

1. Gieße Wasser in das Glas und lass die Büroklammer hineinfallen.

2. Versuche, die Büroklammer mit dem Magneten herauszuholen, ohne nasse Finger zu bekommen.

3. Bearbeite das Arbeitsblatt.

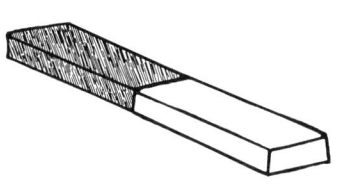

DIE MAGNET-WERKSTATT  15a

---

Woraus besteht ein Magnet?

Du brauchst:

- Arbeitsblatt „Woraus besteht ein Magnet?" (S. 34)
- Spiegel

So geht es:

1. Lies dir das Arbeitsblatt aufmerksam durch. Beginne mit dem Info-Text.

2. Mit einem Spiegel kannst du die Lösungen zu den drei Fragen herausfinden.
Stelle dazu den Spiegel auf die gestrichelte Linie. Im Spiegelbild erscheint der Lösungssatz.

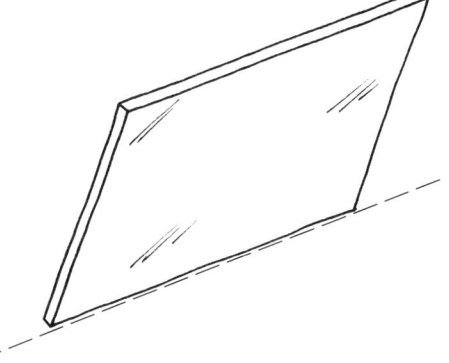

DIE MAGNET-WERKSTATT  15b

Steckt Magnetismus an? (1)

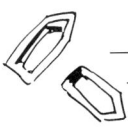

Du brauchst:

- Arbeitsblatt „Steckt Magnetismus an? (1)" (S. 35)
- Stabmagnet
- Nadel
- Büroklammer

So geht es:

1. Lies dir den Info-Text durch.
2. Bearbeite das Arbeitsblatt.

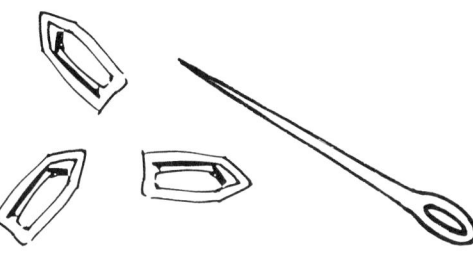

 Für dieses Arbeitsblatt solltest du vorher das Arbeitsblatt „Woraus besteht ein Magnet?" bearbeitet haben.

DIE MAGNET-WERKSTATT — 16a

Steckt Magnetismus an? (2)

Du brauchst:

- einen Partner
- Arbeitsblatt „Steckt Magnetismus an? (2)" (S. 36)

So geht es:

1. Lies dir das Arbeitsblatt aufmerksam durch und bearbeite die Aufgaben.
2. Vergleiche deine Lösung mit einem Partner.

 Dieses Angebot kannst du erst bearbeiten, wenn du die Arbeitsblätter „Woraus besteht ein Magnet?" und „Steckt Magnetismus an? (1)" erledigt hast.

DIE MAGNET-WERKSTATT — 16b

Die unsichtbare Magnetkraft

Du brauchst:

- Arbeitsblatt „Die unsichtbare Magnetkraft" (S. 37)
- Stabmagnet
- Glasscheibe
- Glas mit Eisenspänen
- Pinsel

So geht es:

1. Lies dir den Info-Text durch.
2. Bearbeite das Arbeitsblatt.

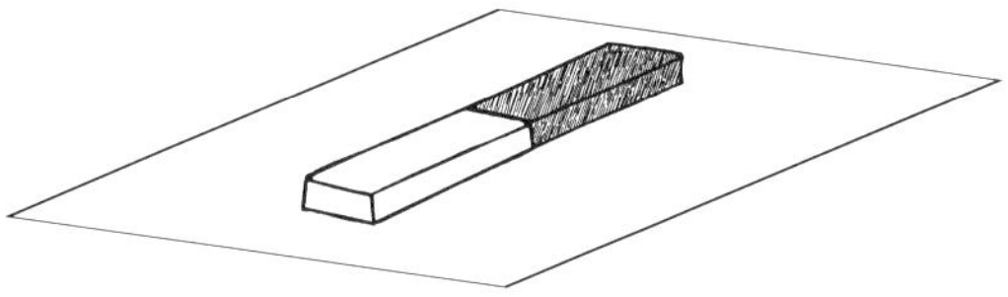

Achtung: Du darfst keine Eisenspäne einatmen, in den Mund nehmen oder in die Augen reiben. Wasche dir nach dem Versuch gründlich die Hände!

DIE MAGNET-WERKSTATT — 17a

Das Magnetfeld

Du brauchst:

- Arbeitsblatt „Das Magnetfeld" (S. 38)
- zwei Stabmagnete
- Glasscheibe
- Glas mit Eisenspänen
- Pinsel

So geht es:

1. Lies dir den Info-Text durch.
2. Bearbeite das Arbeitsblatt.

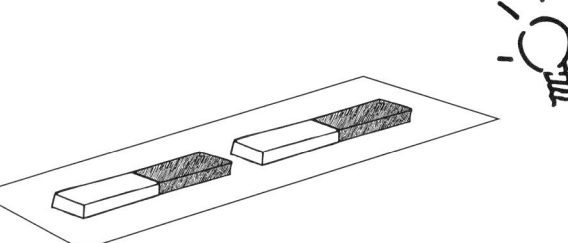

Achtung: Du darfst keine Eisenspäne einatmen, in den Mund nehmen oder in die Augen reiben. Wasche dir nach dem Versuch gründlich die Hände!

DIE MAGNET-WERKSTATT — 17b

Reise in die Vergangenheit

Du brauchst:

- einen Partner
- Infoblatt „Reise in die Vergangenheit" (S. 39)
- Papier
- Stift
- Atlas

So geht es:

1. Lest euch den Text gegenseitig vor.
2. Bearbeitet gemeinsam die Aufgabe unter dem Text.

 **Stellt eure Ergebnisse im Sitzkreis vor.**

DIE MAGNET-WERKSTATT — 18a

Geheimnisvolle Steine

Du brauchst:

- Arbeitsblatt „Geheimnisvolle Steine" (S. 40)

So geht es:

1. Bearbeite das Arbeitsblatt.
2. Schaue einmal im Internet nach, was du über Magnetberge herausfinden kannst. Gib in die Suchmaschine **www.google.de** den Suchbegriff „Magnetberg" ein.

DIE MAGNET-WERKSTATT — 18b

Der größte Magnet (1)

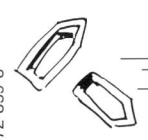

Du brauchst:

- Arbeitsblatt „Der größte Magnet (1)" (S. 41)
- Blatt zum Aufkleben
- Schere
- Kleber
- Lexikon

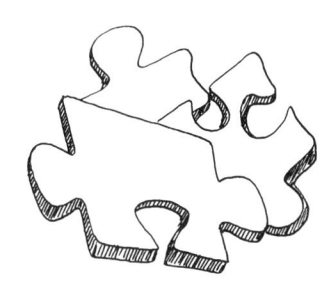

So geht es:

1. Schneide die Puzzleteile aus und lege sie zusammen.

2. Wenn du den Text lesen kannst, klebe das zusammengesetzte Puzzle auf ein Blatt.

3. Lies den Text aufmerksam durch. Am Ende steht etwas von einem Hilfsmittel, mit dem sich die Menschen auf der Erde orientieren können: dem Kompass. Versuche, etwas im Lexikon über den „Kompass" herauszufinden.

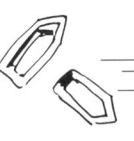

DIE MAGNET-WERKSTATT

Der größte Magnet (2)

Du brauchst:

- Arbeitsblatt „Der größte Magnet (2)" (S. 42)
- Faden
- Stabmagnet

So geht es:

1. Lies dir den Info-Text über *William Gilbert* durch.

2. Bearbeite die Forscheraufgabe.

Falls du keine Idee für die Forscheraufgabe hast, drehe das Arbeitsblatt auf den Kopf und lies den Tipp am unteren Rand des Blattes!

DIE MAGNET-WERKSTATT

Ein selbstgebauter Kompass

Du brauchst:

- Arbeitsblatt „Ein selbstgebauter Kompass" (S. 43)
- Schüssel mit Wasser
- Stabmagnet mit farbigen Enden
- Blumenuntersetzer aus Plastik
- grüne und rote Wäscheklammer

So geht es:

1. Achte darauf, dass keine Gegenstände aus Eisen oder Stahl in der Nähe sind.

2. Klebe den Stabmagneten mit einem Klebestreifen auf den Blumenuntersetzer.

3. Fülle die Schüssel mit Wasser.

4. Bearbeite die Aufgaben auf dem Arbeitsblatt.

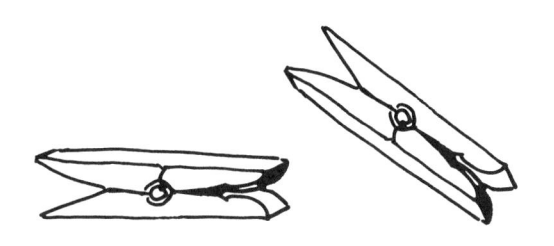

DIE MAGNET-WERKSTATT — 20a

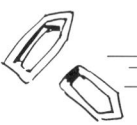

Der Kompass

Du brauchst:

- einen Partner
- Arbeitsblatt „Der Kompass" (S. 44)
- Kompass
- vier Blätter Papier

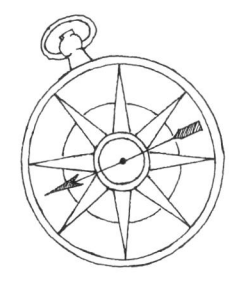

So geht es:

1. Bestimmt zuerst gemeinsam mit der ganzen Klasse mit einem Kompass die Himmelsrichtungen im Klassenzimmer. Klebt dazu an jede Wand des Klassenraumes ein Blatt Papier. Einer von euch beschriftet die Blätter mit den Himmelsrichtungen Norden, Süden, Osten, Westen.

2. Bearbeitet dann zu zweit das Arbeitsblatt. Lest zuerst den Info-Text.

DIE MAGNET-WERKSTATT — 20b

Tiere und das Magnetfeld

Du brauchst:

- Arbeitsblatt und Infoblatt „Tiere und das Magnetfeld (1/2)" (S. 45/46)

So geht es:

1. Lies dir die Notizzettel auf dem Informationsblatt aufmerksam durch.

2. Beantworte dann die Fragen auf dem Arbeitsblatt (S. 46).

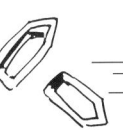

DIE MAGNET-WERKSTATT — 21a

Wozu brauchen wir Magnete?

Du brauchst:

- Arbeitsblatt „Wozu brauchen wir Magnete?" (S. 47)
- Schere
- Kleber
- leeres Blatt

Vielleicht fallen dir noch mehr Dinge ein! Schaue auch zu Hause nach, wo du Magnete finden kannst und wofür sie nützlich sind.

So geht es:

1. In den Puzzleteilen auf dem Arbeitsblatt verstecken sich zwei Bilder. Finde mit Hilfe der Bilder heraus, wo man Magnete in unserem Alltag finden kann und wozu wir sie brauchen.

2. Schneide die Puzzleteile aus, lege die Teile zu einem Bild zusammen und klebe die zwei Bilder auf das leere Blatt.

3. Schreibe darunter, wo genau sich hier die Magnete befinden und was sie tun.

DIE MAGNET-WERKSTATT — 21b

Anziehende Geschichten

Du brauchst:

- Arbeitsblatt „Anziehende Geschichten" (S. 48)
- Stift
- Papier

So geht es:

1. Lies dir die Überschriften rund um das Thema „Magnet" durch.

2. Suche dir eine Überschrift aus und schreibe eine anziehend spannende Geschichte zu deiner Überschrift.

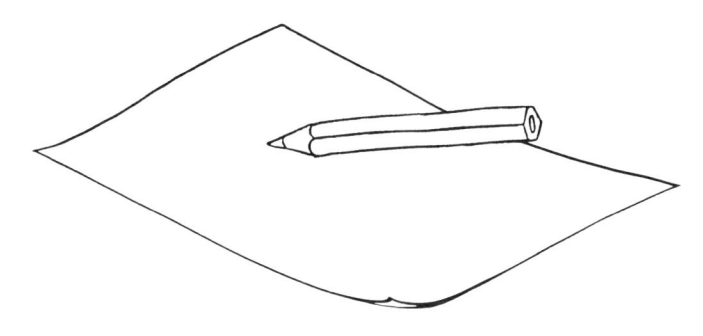

DIE MAGNET-WERKSTATT — 22a

Kühlschrank-Magnete

Du brauchst:

- Arbeitsblatt „Kühlschrank-Magnete" (S. 49)
- weißen Tonkarton
- Schere
- Buntstifte
- selbstklebendes Magnetband

So geht es:

1. Male die Figuren und Gegenstände auf dem Arbeitsblatt aus.

2. Schneide die Figuren nur grob aus und klebe sie auf den Tonkarton.

3. Schneide erst jetzt deine Figuren genau aus.

4. Klebe am Schluss ein Stück Magnetband auf die Rückseite der Figuren und Gegenstände.

DIE MAGNET-WERKSTATT — 22b

Bootsrennen

Du brauchst:

- einen Partner
- Arbeitsblatt „Bootsrennen" (S. 50)
- zwei Weinkorken
- zwei Stopfnadeln
- Zahnstocher
- Klebestreifen
- Papier
- Schere
- Magnet
- Schüssel
- Wasser

So geht es:

1. Baut nach der Bastelanleitung auf dem Arbeitsblatt ein Segelboot. Jeder von euch baut dabei sein eigenes Boot.

2. Füllt danach eine Schüssel mit Wasser.

3. Bewegt mit Hilfe der Magnete eure Boote und veranstaltet ein kleines Rennen.

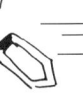

DIE MAGNET-WERKSTATT — 23a

Farbenangeln

Du brauchst:

- zwei Partner
- Arbeitsblatt „Farbenangeln" (S. 51)
- zehn Büroklammern
- Schuhkarton
- Buntstifte (rot, blau, grün)
- drei Schaschlikspieße
- drei Magnete
- drei Fäden (30 cm lang)

Denkt euch vorher Spielregeln aus.

So geht es:

1. Schneidet die Fische aus und malt sie von beiden Seiten gelb an.
2. Malt bei jeweils vier Fischen den Punkt in der gleichen Farbe an.
3. Klemmt an jedes Fischmaul eine Büroklammer.
4. Stellt vier Angeln mit dem Schaschlikspieß, dem Faden und dem Magneten her.
5. Legt die Fische so in den Schuhkarton, dass ihre Punkte nicht zu sehen sind. Wer konnte zuerst vier Fische von einer Farbe angeln?

DIE MAGNET-WERKSTATT — 23b

Was zieht ein Magnet an?

- Kreuze auf dem Arbeitsblatt an, welche Gegenstände von dem Magneten angezogen werden.
- Vervollständige den Lösungssatz mit den Lösungsbuchstaben von den magnetischen Gegenständen.
- Suche dir zwei weitere Gegenstände aus und schreibe sie in die leeren Spalten. Untersuche, ob auch sie magnetisch sind.

	Lösungsbuchstabe	ja	nein
Schere	E		
Pullover / T-Shirt	A		
Nagel	I		
Papier	B		
Büroklammer	S		
Wolle	C		
Radiergummi	L		
Reißzwecke	E		
Nadel	N		
Bleistift	O		

Ein Magnet zieht alle Gegenstände aus _ _ _ _ _ _ an.

DIE MAGNET-WERKSTATT — 24

Wir untersuchen den Euro

Info

× 5-, 2-, und 1-Cent-Münzen haben einen Stahlkern. Stahl ist schmiedbares Eisen.

× 50-, 20-, und 10-Cent Münzen bestehen aus „nordischem Gold". Das ist eine Mischung aus Kupfer, Aluminium, Zink und Zinn.

× 2- und 1-Euro-Münzen haben einen Kern aus Nickel.

Welche Münzen sind magnetisch?
Kreuze sie in der Tabelle an.

	1 Cent	2 Cent	5 Cent	10 Cent	20 Cent	50 Cent	1 Euro	2 Euro
zieht an								
zieht nicht an								

Welche Metalle sind magnetisch und welche nicht?
Der Info-Text kann dir helfen.

_____
_____
_____
_____
_____
_____

DIE MAGNET-WERKSTATT

Unterschiedliche Magnete

🧲 Überlege dir, wie du die vier Magnete nennen würdest.
Schreibe deine Idee auf die Linie unter die Magnete.

🧲 Lies dir die vier Wörter in den Kästchen durch.
Dies sind die Namen der Magnete, wie sie in Wirklichkeit heißen.
Schneide die vier Wörter aus und klebe sie unter
das richtige Bild.

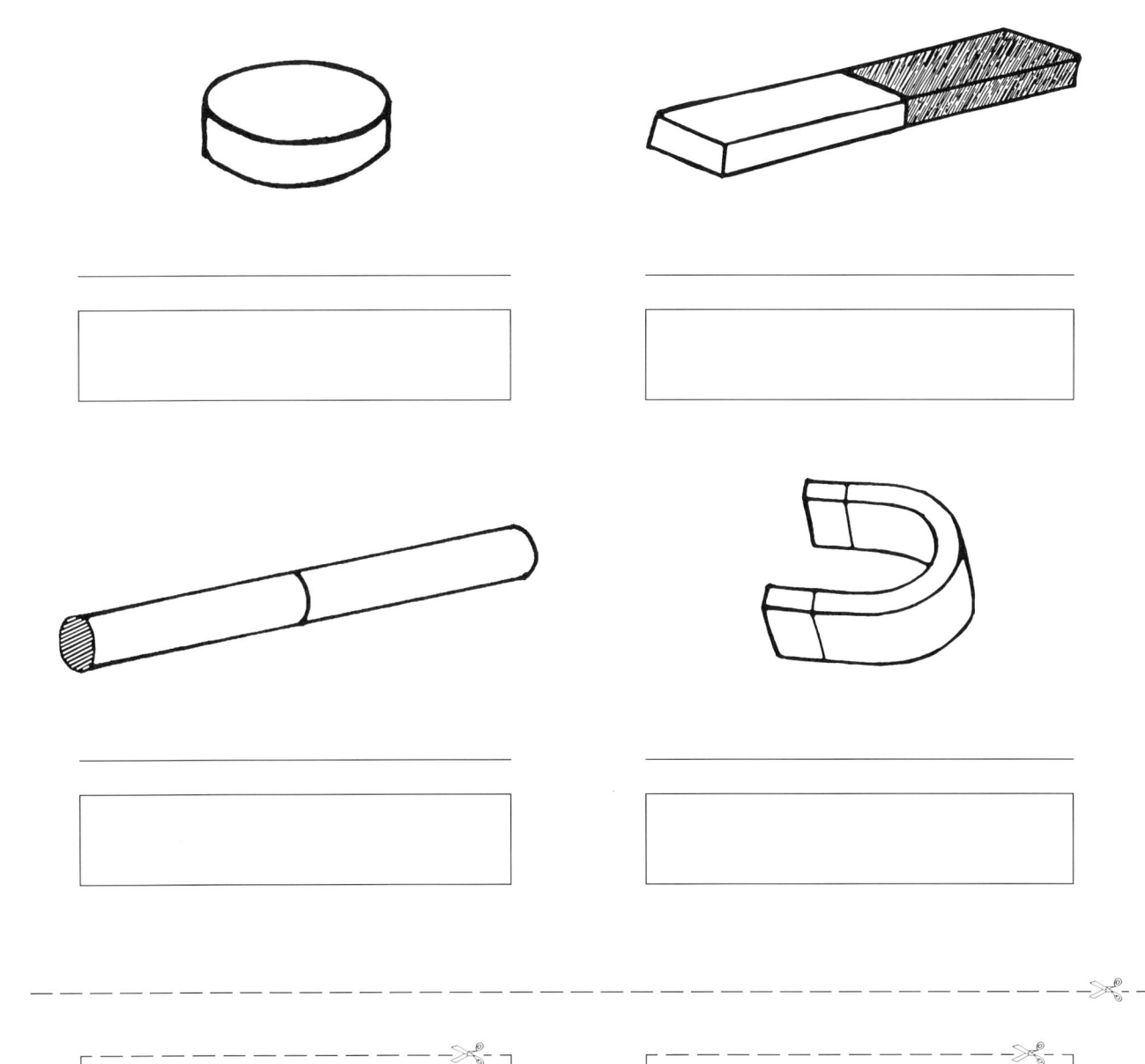

| ʇǝuɓɐɯqɐʇS | ʇǝuɓɐɯuǝsıǝɟnH |

| ʇǝuɓɐɯuǝqıǝɥɔS | ʇǝuɓɐɯqɐʇS |

DIE MAGNET-WERKSTATT — 26

Wer ist am stärksten?

Schiebe das Lineal auf die Magnete zu.
Welcher Magnet konnte die Büroklammer zuerst anziehen?
Schreibe deine Beobachtungen ins Heft.

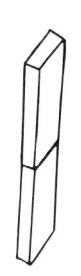

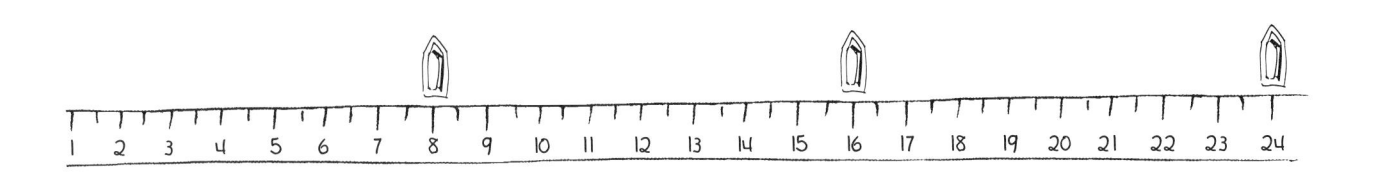

```
1  2  3  4  5  6  7  8  9  10  11  12  13  14  15  16  17  18  19  20  21  22  23  24
```

Kreuze die richtigen Antworten an und bilde aus den Buchstaben dahinter das Lösungswort.

- ○ Der Scheibenmagnet ist am stärksten, weil er die Büroklammer zuerst angezogen hat. **[No]**

- ○ Je größer ein Magnet ist, um so stärker ist seine Kraft. **[Ma]**

- ○ Der Stabmagnet ist am stärksten, weil er die Büroklammer zuerst angezogen hat. **[rd]**

- ○ Alle Magnete sind gleich stark. **[p]**

- ○ Der Hufeisenmagnet ist am stärksten, weil er die Büroklammer zuerst angezogen hat. **[gn]**

- ○ Je stärker ein Magnet ist, um so schneller zieht er die Büroklammern an. **[et]**

- ○ Je stärker ein Magnet ist, um so langsamer zieht er die Büroklammer an. **[o]**

- ○ Manche Magnete haben mehr Kraft, andere weniger. **[kr]**

- ○ Magnete wirken auch aus der Entfernung. **[aft]**

- ○ Magnete wirken nur ganz in der Nähe. **[l]**

Lösungswort: _____

DIE MAGNET-WERKSTATT

Wo die Kraft am stärksten ist

🧲 Lege einen Stabmagneten auf die Büroklammern und hebe ihn dann langsam wieder hoch. Wo bleiben die meisten Büroklammern hängen?
Zeichne die Stellen in die Skizze ein.

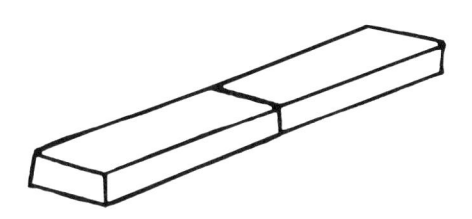

🧲 Führe den Versuch auch mit einem Hufeisenmagneten durch. Zeichne die Stellen, an denen die meisten Büroklammern hängen bleiben, in die Skizze ein.

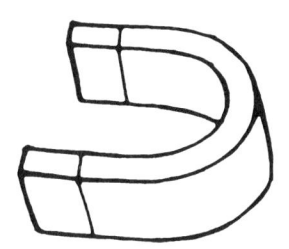

🧲 Nimm eine Büroklammer und halte sie an verschiedene Stellen der Magnete. Wo spürst du die meiste Kraft?
Kreise die Stellen in den Skizzen oben mit Rot ein.

🧲 Nimm den Faden mit dem Nagel in die Hand. Lass den Nagel über dem Stabmagneten schweben und versuche, die Mitte des Magneten zu treffen. Was beobachtest du?
Schreibe ins Heft.

🧲 Streiche die falschen Wörter im zweiten Ergebnissatz durch:

Die Anziehungskraft des Magneten ist an seinen Enden, den Polen, am stärksten.
Die Mitte des Magneten übt *fast keine/eine große* **magnetische Kraft aus.**

DIE MAGNET-WERKSTATT

Autofahrt

🧲 Halte den Magneten nacheinander so an das Auto, wie es in den vier Bildern gezeigt wird.
In welche Richtung fährt das Auto?
Vorwärts oder rückwärts?

🧲 Vervollständige die Sätze unter den Bildern mit dem richtigen Wort.

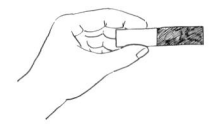

Das Auto fährt _____

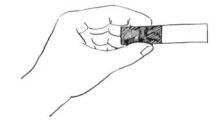

Das Auto fährt _____

... vorwärts

... rückwärts

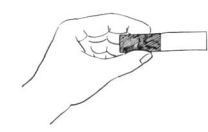

Das Auto fährt _____

Das Auto fährt _____

Magnetpole

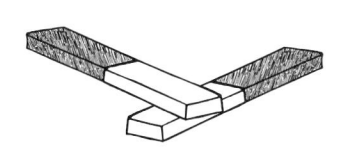

Info

Die beiden Enden eines Magneten nennt man **Pole**.
Die Farben kannst du dir gut merken:
Der No**rd**pol ist **rot** und der S**üd**pol ist gr**ün**.

🧲 Male die eine Seite des Magneten rot und die andere grün an. Beschrifte ihn. Der Info-Text kann dir dabei helfen.

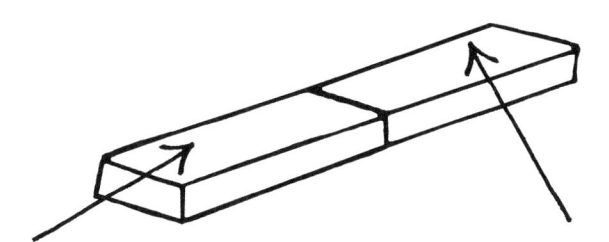

🧲 Halte zwei Stabmagnete so aneinander, wie es in der Tabelle beschrieben ist. Kreuze dann an, ob sich die verschiedenen Pole anziehen oder nicht.

	ziehen sich an	stoßen sich ab
Südpol und Südpol	☐	☐
Nordpol und Nordpol	☐	☐
Nordpol und Südpol	☐	☐

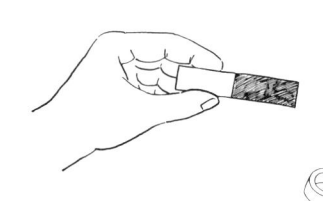

🧲 Hat ein Hufeisenmagnet auch einen Nordpol und einen Südpol? Überprüfe!

ja ☐   nein ☐

DIE MAGNET-WERKSTATT

Ein Magnet hat Kraft

✂ Schneide die vier Sätze aus.

✂ Lege die passenden Sätze unter das richtige Bild und klebe sie auf.

✂ Male die Bilder aus.

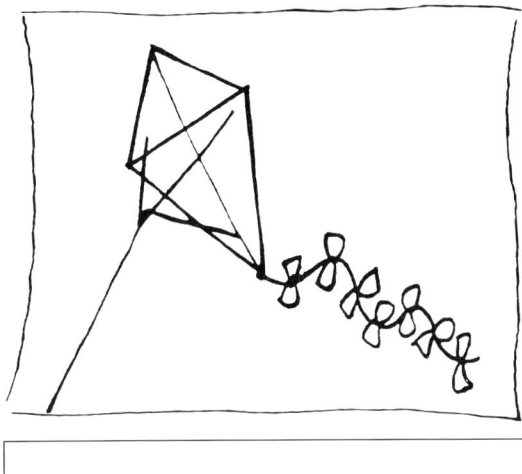

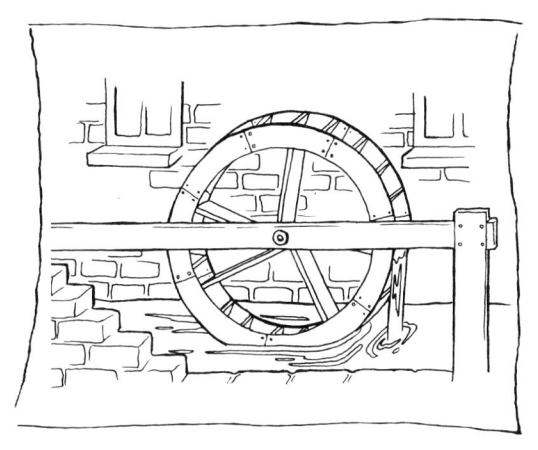

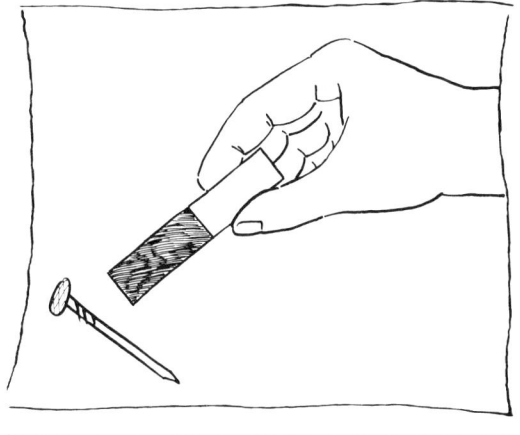

| Um schwere Dinge hochzu- heben, brauchen wir **Muskelkraft**. | Auch ein Magnet hat Kraft. Diese wird **Magnetkraft** genannt. |

| Früher wurden Mühlräder mit Hilfe von **Wasserkraft** angetrieben. | Auch der Wind hat Kraft. Man nennt sie **Windkraft**. |

DIE MAGNET-WERKSTATT

Anziehende Kräfte

- Kannst du die Büroklammer durch die Gegenstände hindurch mit dem Magneten anziehen? Kreuze in der Tabelle an.
- Stelle immer zuerst eine Vermutung an und überprüfe anschließend.
- Kreuze zum Schluss den richtigen Ergebnissatz an.

Vermutung			Überprüfung	
geht	geht nicht		geht	geht nicht
		Plastikfolie		
		Eisenplättchen		
		Kupferplättchen		
		Pappe		
		Papier		
		Knete		
		Brillenglas		
		Pullover/T-Shirt		
		1-Euro-Münze		

Mein Ergebnis:

☐ Die Magnetkraft wirkt durch alle Gegenstände hindurch.

☐ Die Magnetkraft wirkt durch alle Gegenstände hindurch, die ein Magnet auch anzieht.

☐ Die Magnetkraft wirkt durch keinen Gegenstand hindurch.

☐ Die Magnetkraft wirkt durch alle Gegenstände hindurch, die ein Magnet nicht anzieht.

Wasser und Magnete

Kreuze das richtige Ergebnis deines Versuches an.

☐ Die Magnetkraft wirkt durch das Trinkglas und das Wasser hindurch.

☐ Die Magnetkraft wirkt nicht durch das Trinkglas und das Wasser hindurch.

Wusstest du das?

Da die Magnetkraft auch unter Wasser wirkt, können sich Ingenieure dies beim Bauen und Reparieren von Anlagen oder Schiffen unter Wasser zu Nutze machen. So können sie mit Hilfe von Magneten Werkzeuge ablegen.
Es können sogar versunkene Schiffsteile mit starken Magneten aus der Meerestiefe geborgen werden.

DIE MAGNET-WERKSTATT

Woraus besteht ein Magnet?

Ein Magnet besteht aus Eisen. Er zieht Gegenstände aus Eisen an. Trotzdem sind nicht alle Gegenstände aus Eisen auch gleichzeitig Magnete.
Um das zu verstehen, denke über folgende Fragen nach:

Stelle dir vor, du könntest einen Magneten in zwei Teile zerschneiden.

Was, denkst du, passiert?

(Lösung auf dem Kopf gedruckt:) Wissenschaftler haben genau das gemacht und dabei festgestellt, dass sie dann zwei funktionstüchtige Magnete mit je einem Nord- und Südpol erhalten.

Was passiert wohl, wenn man einen von ihnen wieder teilt?

(Lösung auf dem Kopf gedruckt:) Man erhält wieder zwei Magnete.

Stell dir nun weiter vor, du könntest ein Stück deines Magneten immer wieder teilen, bist du am Ende ein winzig kleines Stück hast. Dieses kleinste Stück ist ein Elementarmagnet.

Was ist wohl ein Elementarmagnet?

(Lösung auf dem Kopf gedruckt:) Eigentlich steckt es schon in seinem Namen: Jeder Elementarmagnet ist ein kleiner Magnet mit einem Nord- und einem Südpol. Er kann andere Gegenstände aus Eisen anziehen.

In Gegenständen, die aus Eisen bestehen, sind diese Elementarmagnete durcheinandergemischt und haben so keine Zugkraft. Das sieht ungefähr so aus:

In einem Magneten dagegen stehen die Elementarmagnete völlig geordnet. Ihre vereinte Zugkraft ist so stark, dass sie andere Eisenstücke an sich ziehen.

DIE MAGNET-WERKSTATT

Steckt Magnetismus an? (1)

Info
Ein Gegenstand aus Eisen kann **magnetisiert** werden. Das heißt, er kann selbst zu einem Magneten werden. Dazu musst du ihn mit einem Magneten „bestreichen". Auf diese Weise ordnest du die einzelnen Elementarmagnete in **einer Richtung** an. Durch einen **Stoß oder Schlag** verlieren die magnetisierten Gegenstände ihre Magnetkraft wieder, weil alle Elementarmagnete durcheinandergeraten.

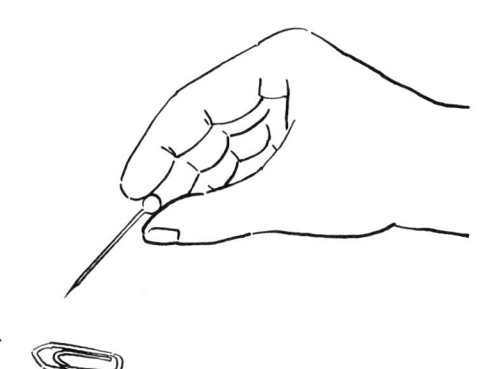

- Nimm den Stabmagneten und streiche ihn etwa 40-mal entlang der Nadel. Wichtig ist, dass du immer in die gleiche Richtung streichst, also den Magneten nicht hin- und herbewegst.

- Probiere danach aus, ob du mit deiner Nadel eine Büroklammer anziehen kannst.

    ja ☐   nein ☐

Wie erklärst du dir deine Beobachtung?
Der Info-Text kann dir weiterhelfen.

_____

_____

- Lass dann die Nadel 10-mal fest auf den Boden fallen.

- Probiere wieder aus, ob du mit deiner Nadel die Büroklammer anziehen kannst.

    ja ☐   nein ☐

Wie erklärst du dir deine Beobachtung?
Auch hier kann dir der Info-Text helfen.

_____

_____

DIE MAGNET-WERKSTATT

Steckt Magnetismus an? (2)

Wenn du in eine Nadel schauen könntest, was würdest du sehen?
Wie würde es in einer Nadel aussehen, wenn du sie mit Hilfe eines Magneten zu einem Magneten gemacht hättest?

🧲 Überlege genau und schreibe auf, welche die **magnetisierte** und welche die **nicht magnetisierte** Nadel ist.

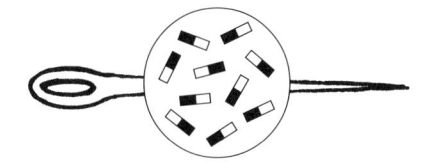

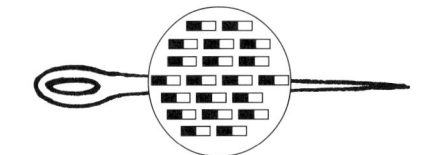

_____   _____

🧲 Versuche, mit eigenen Worten zu erklären, warum eine magnetisierte Nadel ihre Magnetkraft durch einen festen Stoß wieder verliert.
Die Arbeitsblätter „Woraus besteht ein Magnet?" (Seite 34) und „Steckt Magnetismus an? (1)" (Seite 35) können dir helfen.

_____
_____
_____
_____
_____
_____

DIE MAGNET-WERKSTATT

Die unsichtbare Magnetkraft

Info

Magnete haben Kraft. Diese **Magnetkraft** können wir nicht direkt sehen oder fühlen.

Man kann sie aber mit einem „Trick" sichtbar machen! Diesen Trick entdeckte der englische Chemiker und Physiker *Michael Faraday* vor mehr als 150 Jahren. Er fand heraus, dass die Magnetkraft sichtbar wird, wenn man **Eisenspäne** auf eine Glasplatte streut und diese Glasplatte auf einen Magneten legt.

Wende diesen Trick selbst an und mache die Magnetkraft sichtbar.

1. Lege dazu auf einen Stabmagneten eine Glasscheibe.
2. Streue dann vorsichtig und behutsam die Eisenspäne auf die Glasscheibe.
3. Tippe mit den Fingern leicht gegen die Scheibe, damit sich die Eisenspäne besser verteilen.

Schreibe deine Beobachtung auf und zeichne auf, was du sehen kannst:

Schütte mit Hilfe des Pinsels die Eisenspäne vorsichtig in das Glas zurück.

DIE MAGNET-WERKSTATT

Das Magnetfeld

Info
Streut man auf eine Glasscheibe, die über einem Stabmagneten liegt, Eisenspäne, kann man gekrümmte und gerade Linien erkennen. Diese Linien nennt man **Feldlinien**. Diese gesamten Feldlinien zeigen das **magnetische Feld**.

🧲 Lege zwei Stabmagnete, wie in der Abbildung, mit einem Abstand von 1–2 cm gegenüber.

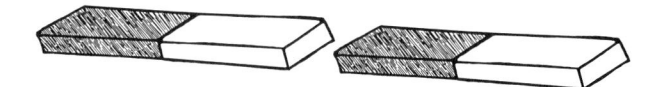

🧲 Lege eine Glasplatte auf die Magnete und streue Eisenspäne vorsichtig darauf. Was beobachtest du? Zeichne deine Beobachtungen in die Zeichnung ein.

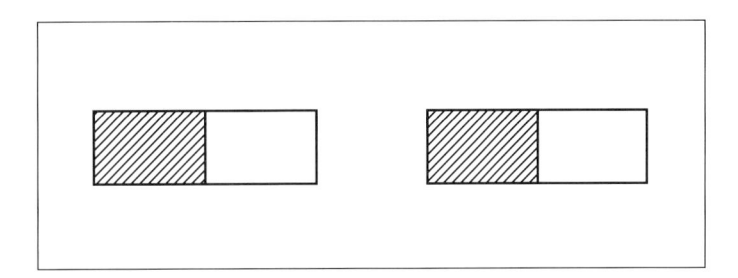

🧲 Schütte mit Hilfe des Pinsels die Eisenspäne vorsichtig in das Glas zurück.
Drehe einen Magneten unter der Glasplatte so, dass sich die Südpole (grüne Enden) gegenüberliegen. Streue erneut Eisenspäne darauf. Was beobachtest du? Zeichne deine Beobachtungen in die Zeichnung ein.

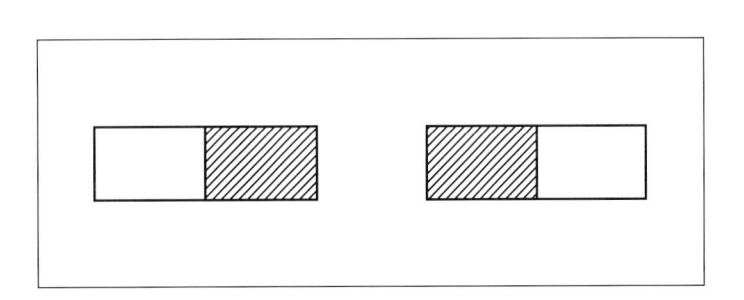

🧲 Vergleiche die beiden Magnetfelder aus deinen Zeichnungen. Achte dabei besonders auf die Feldlinien in der Nähe der Pole. Was fällt dir auf? Schreibe in dein Heft.

DIE MAGNET-WERKSTATT — 38

Reise in die Vergangenheit

Die Magnete, die du für die Aufgaben in dieser Werkstatt brauchst, sind künstlich mit Maschinen hergestellt. Sie bestehen aus **Stahl**.
Neben diesen künstlichen Magneten gibt es aber auch natürliche Magnete. Diese kann man in der Erde finden. Man nennt sie **Magnetsteine** oder **Magnetit**. Die Magnetsteine waren die ersten Magnete für den Menschen. Wer genau den Magnetstein zuerst entdeckte, und woher der Magnet seinen Namen hat, ist nicht eindeutig geklärt. Es könnte sein, dass sie zuerst von den **Griechen** gefunden wurden. Ein Mann namens Thales von Milet soll schon 600 vor Christus (also vor mehr als 2600 Jahren!) gewusst haben, dass sich bestimmte Steine **gegenseitig anziehen**. Auch wusste er, dass diese Steine Eisen anziehen konnten. Den Namen Magnetstein sollen die Steine deshalb bekommen haben, weil viele von ihnen nahe einer Stadt „Magnesia" gefunden wurden. Eine andere Erklärung für den Namen Magnetstein kann man in einer **griechischen Legende** finden. Ein Hirtenjunge soll auf dem Berg Ida auf Kreta seine Schafe gehütet haben. Als er sich auf einen Stein setzte, hatte er plötzlich viel Mühe, seine Schuhe und seinen Hirtenstab wieder von diesem Stein loszubekommen.

In seinen Schuhen befanden sich Schuhnägel und sein Stab hatte eine Eisenspitze. Der Stein, der die Schuhnägel und den Stab anzog, bekam wohl deshalb den Namen Magnetstein, weil der Hirtenjunge Magnes hieß.

Im Text wird von einer Stadt namens „Magnesia" und einem Berg „Ida" auf Kreta berichtet.
Wo liegt diese Stadt Magnesia und wo findet man die Insel Kreta?
Schaut im Atlas nach.

Geheimnisvolle Steine

⚡ Lies die Geschichte von den geheimnisvollen schwarzen Steinen.

Da sich die Menschen vor vielen Jahren die geheimnisvolle Kraft der Magnetsteine nicht erklären konnten, entstanden **Sagen und Geschichten** rund um den magischen Magnetstein. Hierin wurde von geheimnisvoll glänzenden, schwarzen Steinen erzählt, die **Zauberkräfte** hatten. **Seefahrer** berichteten von dramatischen Ereignissen auf See.
Ihr Segelschiff wurde wie von Geisterhand angezogen, als es an einem großen schwarzen Berg vorbeifuhr.

Keiner der Seeleute konnte das Schiff um den Berg herumsteuern und es zerschellte an diesem Berg. Nur mit sehr viel Glück konnten sich die Seefahrer noch retten.
Andere Seefahrer wiederum beschrieben, dass ihr Schiff deshalb sank, weil **schwarze Berge**, an denen sie vorbeisegelten, alle Nägel aus dem Holz zogen. Ihr Schiff zerfiel daraufhin einfach in seine Einzelteile. Auch sie konnten sich nur mit Mühe an Land retten.

⚡ Denke dir selbst eine spannende Geschichte von früher aus, die von Magnetbergen oder Magnetsteinen handelt. Schreibe deine Geschichte ins Heft.

⚡ Male ein Bild zu deiner Geschichte.

DIE MAGNET-WERKSTATT

Der größte Magnet (1)

Aber auch wir Menschen nutzen den Erdmagnetismus zur Orientierung. Allerdings brauchen wir dazu ein Hilfsmittel, nämlich

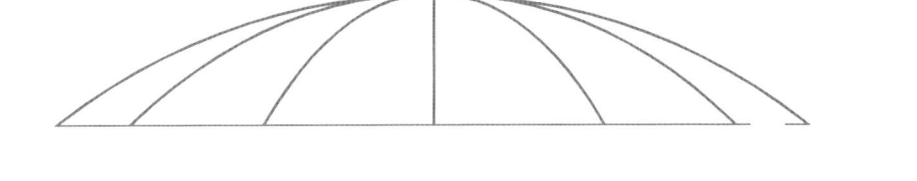

die wir meinen, wenn wir über den Nordpol und den Südpol der Erde reden. Für einige Tiere ist der Magnetismus unserer Erde eine große Hilfe, um sich auf der Erde zu orientieren. So nutzen zum Beispiel die Zugvögel, Delfine und Haie den Magnetismus.

Der größte Magnet

Wusstest Du schon, dass sich direkt unter deinen Füßen ein riesiger Magnet befindet?

den Kompass.

Die Erde selbst ist nämlich ein großer Magnet. Genauso wie ein kleiner Magnet hat auch die Erde zwei Magnetpole: Sie hat einen magnetischen Südpol und einen magnetischen Nordpol. Diese magnetischen Pole unserer Erde sind aber nicht genau an der Stelle,

Der größte Magnet (2)

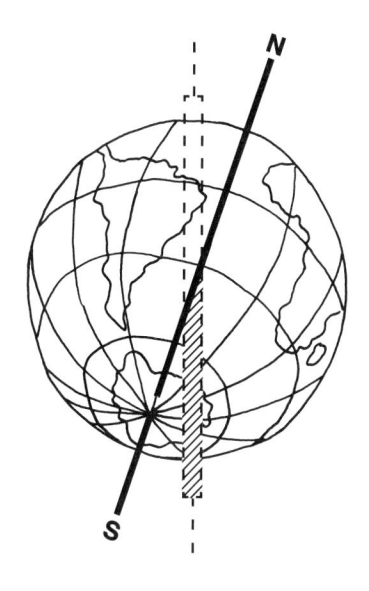

Info

Im Jahre 1600 behauptete der englische Arzt **William Gilbert** (1544–1603) als Erster, dass die **Erde** selbst ein **Magnet** sei. William Gilbert interessierte sich sehr für die geheimnisvolle Kraft von Magneten. Alle Informationen, die er in Büchern fand, reichten ihm aber nicht aus. Und so überlegte er sich eigene **Experimente**, um die magnetischen Kräfte zu erforschen. Dabei machte er die bedeutende Entdeckung, dass die Erde selbst ein großer Magnet ist. Die Erde besitzt einen **magnetischen Nordpol** und einen **magnetischen Südpol**.

Sei nun selbst ein Forscher. Wie kannst du herausfinden, ob die Erde selbst ein Magnet ist?
Verwende dazu den Faden und den Stabmagneten.

_____

_____

_____

_____

_____

Tipp:
Binde den Faden um den Stabmagneten. Halte den Faden so, dass der Magnet waagerecht schweben kann. Halte deine Hand ganz ruhig und berühre den Magneten nicht mehr. Führe diesen Versuch an verschiedenen Stellen im Raum durch. Fällt dir etwas auf? Achte dabei auf die Bewegung des Stabmagneten.

DIE MAGNET-WERKSTATT — 42

Ein selbstgebauter Kompass

🧲 Nachdem du den Versuch vorbereitet hast, drehe nun den Blumenuntersetzer auf der Wasseroberfläche. Warte, bis er sich nicht mehr dreht. Stecke eine rote Wäscheklammer an den Rand der Schüssel, wo das rote Ende des Magneten hinzeigt. Mache es genauso mit dem grünen Ende und der grünen Klammer.

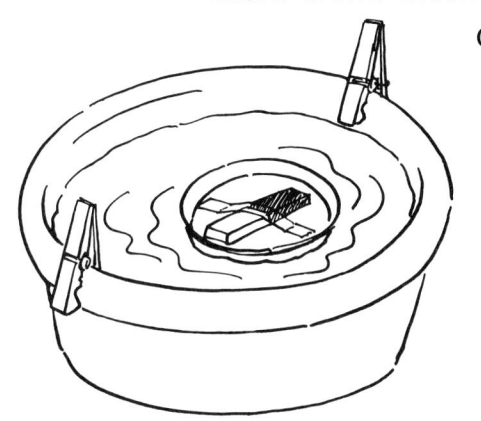

🧲 Drehe den Untersetzer nun noch ein paar Mal. Was beobachtest du?

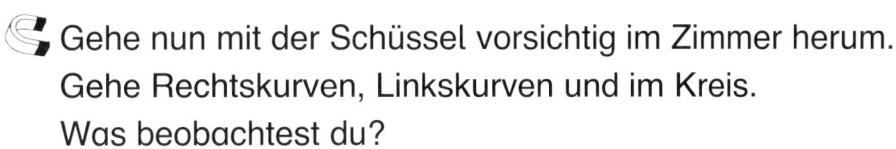

_____

_____

🧲 Gehe nun mit der Schüssel vorsichtig im Zimmer herum. Gehe Rechtskurven, Linkskurven und im Kreis. Was beobachtest du?

_____

_____

Erklärung

Wenn der Untersetzer ruhig im Wasser liegt, zeigt der rote Magnetpol zur roten Klammer nach Norden und der grüne Magnetpol zur grünen Klammer nach Süden.
Das liegt an der **Magnetkraft** der Erde. Sie ist dafür verantwortlich, dass sich Magnete immer zu den **Polen** hin ausrichten. So funktioniert auch ein **Kompass**, denn hier wird die Kompassnadel auch von der Magnetkraft der Erde angezogen.
Die **Spitze** der Kompassnadel zeigt immer nach Norden.

DIE MAGNET-WERKSTATT

Der Kompass

Info

Ein **Kompass** ist ein Hilfsmittel, mit dem man sich in unbekannten Gebieten orientieren kann. Er hat eine bewegliche Nadel, die **Kompassnadel**. Sie besteht aus magnetisiertem **Stahl**. Sie richtet sich immer so aus, dass sie auf den geographischen Nordpol der Erde zeigt, in dessen Nähe wiederum sich ein magnetischer Südpol befindet. Auf dem Kompass kannst du die vier **Himmelsrichtungen** sehen. Den Stern mit den Himmelsrichtungen Norden (N), Süden (S), Osten (O) und Westen (W) nennt man auch Windrose oder Kompassrose. Außerdem sind Himmelsrichtungen eingezeichnet, die zwischen den vier Hauptrichtungen liegen. Nordost (NO), Südost (SO), Südwest (SW), Nordwest (NW).

Trage die Himmelsrichtungen in den Kompass ein. Der Info-Text kann dir dabei helfen.

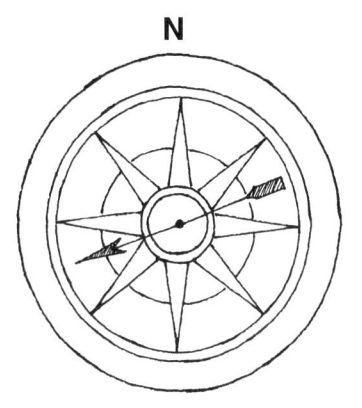

In welcher Himmelsrichtung liegen die folgenden Gegenstände? Nimm dazu die Himmelsrichtungen an den vier Wänden und den Kompass zur Hilfe. Vervollständige die Tabelle.

Gegenstand	Himmelsrichtung
Tafel	
euer Tisch	
der Lehrertisch	
das Waschbecken	
die Klassentür	
ein Regal (nach Wahl)	
der Mülleimer	

DIE MAGNET-WERKSTATT

Tiere und das Magnetfeld (1)

Info

Tiere, die lange Wanderungen unternehmen, um zu einem bestimmten Ziel zu gelangen, brauchen eine **zuverlässige Orientierungshilfe**. Wie sonst könnten Tiere wie Schildkröten, Störche, Wale, Bienen, Haie immer den richtigen Weg finden?

Ein Forscher erkannte den Magnetsinn auch bei **Rochen** (Fischart). Er stellte in einem Aquarium ein Magnetfeld her und gab den Rochen immer im Osten ihr Fressen. Wenn er nun das Magnetfeld drehte, suchten die Fische ihr Fressen immer noch im künstlich hergestellten Osten.

US-Forscher haben den Orientierungssinn einer **Seeschildkröte** untersucht. Sie haben einen eingebauten Sensor entdeckt, der das Magnetfeld der Erde erkennt. So können die Schildkröten ihren langen Weg durch den Nordatlantik finden.

Der **Mensch** kann die magnetische Strahlung nur durch einen **Kompass** wahrnehmen.

Auch **Bienen** nehmen das Magnetfeld wahr. Bei der Neugründung eines Bienenstocks verlässt ein Schwarm Bienen den Heimatstock und baut die Waben in der gleichen Kompassrichtung wie das Muttervolk. Bienen orientieren sich bei ihren Flügen an der Sonne und dem Magnetfeld der Erde. Forscher fanden im Bienenkörper magnetische Kristalle.

Eingesperrte **Rotkehlchen**, die von Forschern auf ihrer Wanderung in den Norden gefangen genommen wurden, wollten in ihrem „Gefängnis" ausschließlich nach Norden fliegen. Nach dieser Feststellung verdeckten die Forscher den Vögeln mit einer Augenklappe abwechselnd das linke und rechte Auge. Es zeigte sich, dass, wenn das rechte Auge verdeckt war, die Tiere keine Orientierung hatten und hin und her flogen. Wurde dagegen das linke Auge verdeckt, flogen die Rotkehlchen wieder Richtung Norden. Rotkehlchen haben somit ihren Magnetkompass im rechten Auge.

Forscher entdeckten, dass **Tauben** kleinste Magnetkristalle im Schnabel haben. Das bedeutet, dass Brieftauben praktisch einen eingebauten Kompass besitzen.

DIE MAGNET-WERKSTATT

Tiere und das Magnetfeld (2)

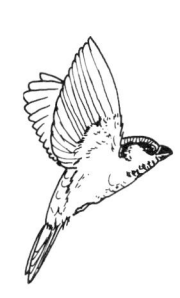

Nenne Tiere, die den Erdmagnetismus nutzen.

_____

_____

_____

Schreibe Beispiele auf, wozu Tiere das Magnetfeld der Erde nutzen.

_____

_____

_____

Welches Tier beeindruckt dich am meisten und warum?

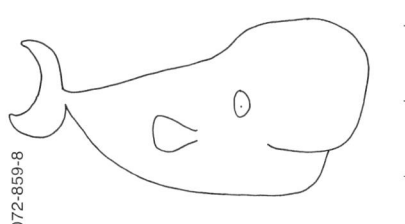

_____

_____

_____

_____

Forscher haben festgestellt, dass die magnetischen Pole der Erde sich über Jahrtausende verschieben werden. Der Nordpol liegt also in vielen Jahren nicht mehr dort, wo er im Moment liegt. Die Forscher befürchten, dass dies für die Tierwelt Folgen haben könnte. Welche Folgen könnten das sein?

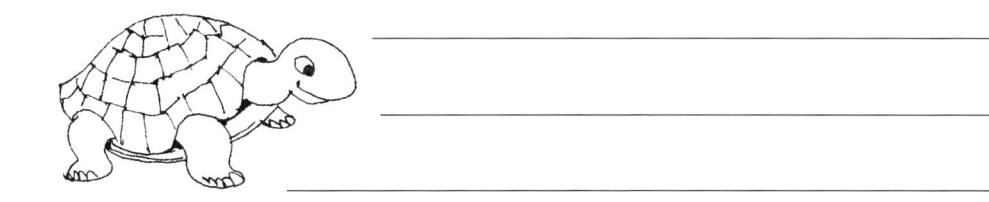

_____

_____

_____

_____

DIE MAGNET-WERKSTATT — 46

Wozu brauchen wir Magnete?

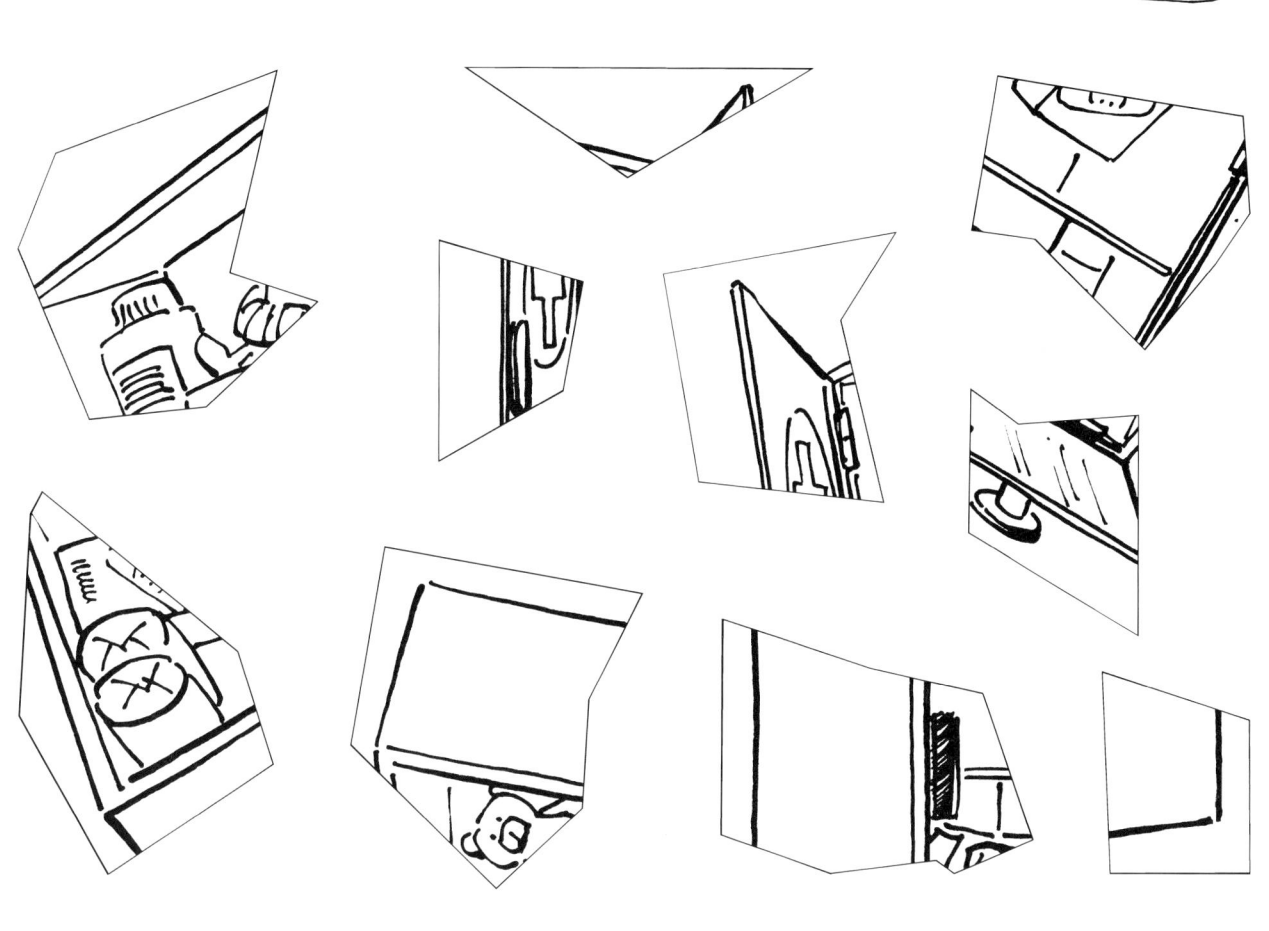

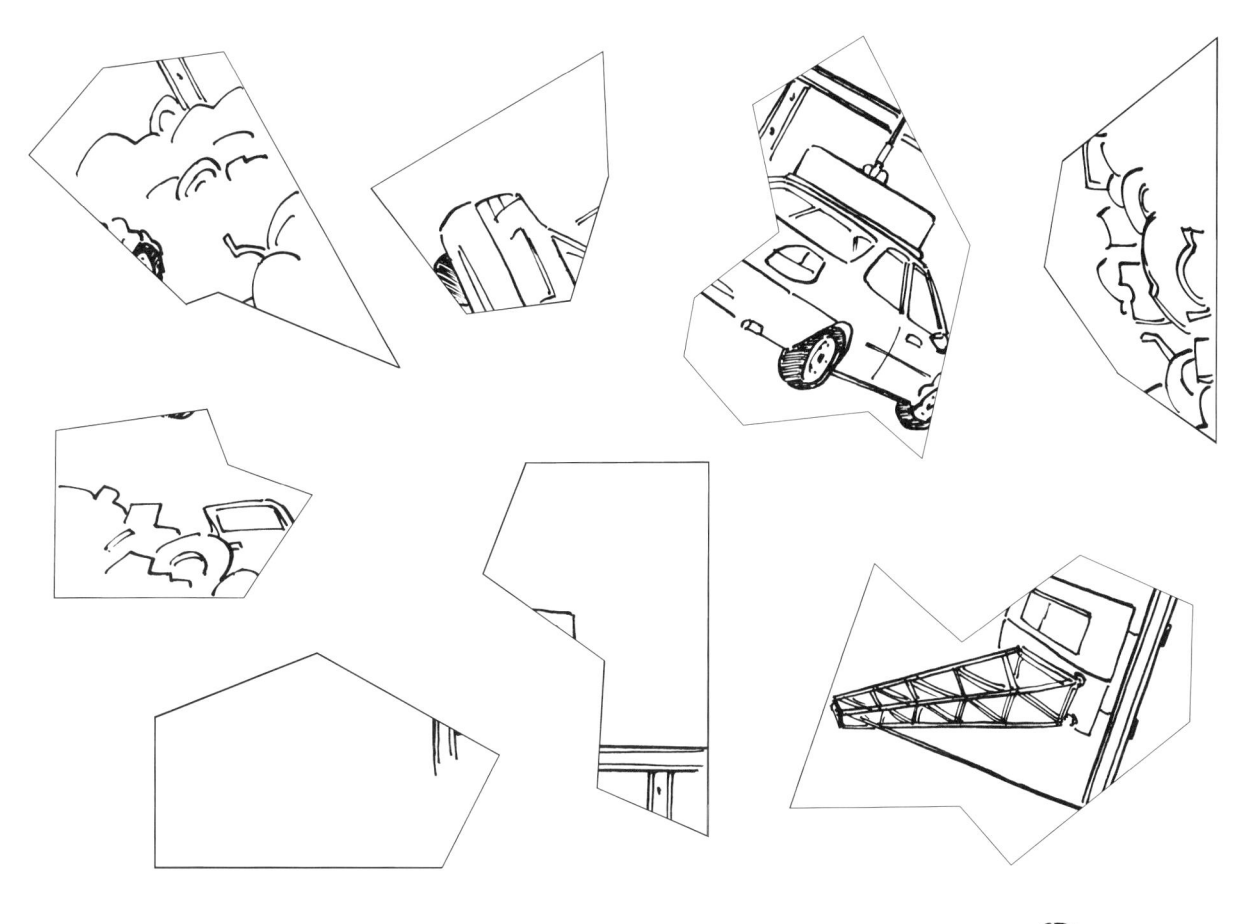

DIE MAGNET-WERKSTATT 47

Anziehende Geschichten

Als mich der größte Magnet der Erde nicht mehr losließ ...

Ein Hufeisenmagnet half, einen Einbrecher zu stellen

Fauler Zauber. Der große Zauberer Zapani entlarvt

Zwei Kinder nach missglücktem Magnetexperiment wieder getrennt

Zahnspangendrama – Die anziehende Wirkung der Waggonkupplung wurde einem Jungen fast zum Verhängnis

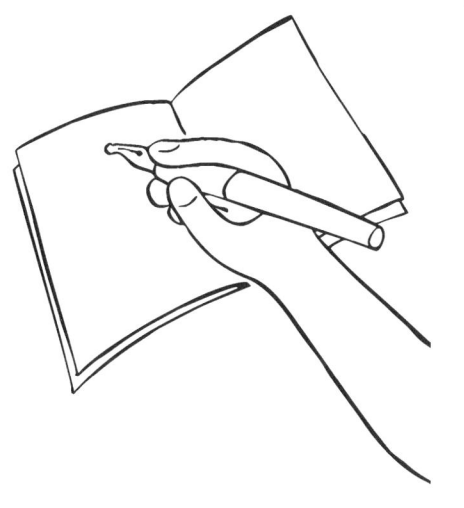

Eine revolutionäre Entdeckung – Der erste Magnetbus fährt Schulkinder in Rekordzeit zur Schule

Ein kleiner Stabmagnet legt gesamten Straßenverkehr lahm

DIE MAGNET-WERKSTATT

Kühlschrank-Magnete

DIE MAGNET-WERKSTATT

Bootsrennen

Baue ein Segelboot mit Hilfe der Anleitung.

1. Verbinde zwei Weinkorken mit einem Zahnstocher.

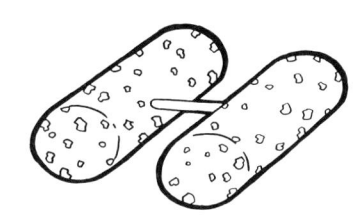

2. Schneide aus Papier zwei kleine Segel aus.

3. Stecke in jeden Korken eine Stopfnadel und befestige mit einem Klebestreifen deine Segel an den Nadeln.

DIE MAGNET-WERKSTATT

Farbenangeln

LITERATUR-/INTERNETTIPPS

Werkstätten für den Sachunterricht

Bender, Iris:
Die Strom-Werkstatt. Kl. 3–4.
Verlag an der Ruhr, 2002.
ISBN 3-86072-679-X

Blume, Diana:
Die Weltraum-Werkstatt. Kl. 3–5.
Verlag an der Ruhr, 1999.
ISBN 3-86072-434-7

Jansen, Frauke:
Die Zeit- und Uhren-Werkstatt. Kl. 2–4.
Verlag an der Ruhr, 1999.
ISBN 3-86072-451-7

Mönning, P.; Schwetschenau, S.; Willems, K.:
Die Wetter-Werkstatt. Kl. 3–4.
Verlag an der Ruhr, 2002.
ISBN 3-86072-676-5

Odenthal, Iris; Willens, Karolin:
Die Müll-Werkstatt. Kl. 3–4.
Verlag an der Ruhr, 2000.
ISBN 386-072-563-7

Rodemann, K.; Schneider, M.:
Die Feuer-Werkstatt.
Feuer, Feuerwehr und Brandschutz. Kl. 1–4.
Verlag an der Ruhr, 2000.
ISBN 3-86072-474-6

Stascheit, Wilfried:
Wasser erleben und erfahren:
Eine Wasser-Werkstatt für Klasse 1/2.
Verlag an der Ruhr, 2006.
ISBN 3-8346-0147-0

Stascheit, Wilfried:
Wasser erkunden und erfahren:
Eine Wasser-Werkstatt für Klasse 3/4.
Verlag an der Ruhr, 2006.
ISBN 3-8346-0198-5

Literatur zum Magnetismus

Hoenecke, Christian:
Experimentieren mit Magnet und Kompass.
3.–4. Schuljahr.
Cornelsen Scriptor, 2001.
ISBN 3-589-21423-6
(Heft zur Experimentierbox – Magnet und Kompass von Cornelsen Experimenta)

Lührs, Otto:
Was ist was? **Magnetismus.** Band 39.
Tessloff, 1997.
ISBN 3-7886-0279-1

Rentzsch, Werner:
Experimente mit Spaß.
Magnetismus – Elektrizität. Band 4.
Aulis-Verlag Deubner, 1998.
ISBN 3-7614-2072-2

Internet

www.wissen.de
Unter dem Stichwort „Magnet" gelangt man zu unterschiedlichen Informationen.

www.physikforkids.de
Die Kinderseite enthält unter dem Link „Labor" und dem Stichwort „Magnetismus" Anleitungen zum Bauen von Magnetflugzeugen, Büroklammermagneten und einem Korkkompass.

www.uni-oldenburg.de/roesa/magnet/
Eine virtuelle Sachunterrichts-Lernwerkstatt u.a. mit Magnetspielen.

www.conatex.com
Seite der Conatex-Didactic Lehrmittel GmbH.
Hier können Sie unter dem Suchwort „Magnet" Einzelmagnete und zusätzlich Materialien zum Thema Magnetismus bestellen.

www.powermagnetshop.de
www.supermagnete.de
Weitere Internetseiten zum Bestellen von Magneten.

Verlag an der Ruhr

Keiner darf zurückbleiben

Informationen und Beispielseiten unter
www.verlagruhr.de

■ **30 Mutmach-Geschichten**
0 J., 99 S., 16 x 23 cm, Pb.
ISBN 978-3-8346-0485-9
Best.-Nr. 60485
12,80 € (D)/13,15 € (A)/23,- CHF

■ **30 Streitgeschichten**
5-10 J., 97 S., 16 x 23 cm, Pb.
ISBN 978-3-8346-0421-7
Best.-Nr. 60421
12,80 € (D)/13,15 € (A)/23,- CHF

■ **30 Geschichten für Geburtstagskinder**
5-10 J., 98 S., 16 x 23 cm, Pb.
ISBN 978-3-8346-0369-2
Best.-Nr. 60369
12,80 € (D)/13,15 € (A)/23,- CHF

■ **Relax! Entspannt Lehrer sein**
120 S., 21 x 22 cm, Pb., farbig
ISBN 978-3-8346-0544-3
Best.-Nr. 60544
19,80 € (D)/20,35 € (A)/34,70 CHF

■ **Vom Frühstückssong zum Abschiedsgong**
Musikalische Rituale für den Schulalltag
1-4, Audio-CD, 16 S. Booklet
Best.-Nr. 60608
12,80 € (D)/13,15 € (A)/23,- CHF

■ **155 Rituale und Phasenübergänge**
für einen strukturierten Grundschulalltag
Kl. 1-3, 217 S., 16 x 23 cm, Pb.
ISBN 978-3-8346-0480-4
Best.-Nr. 60480
19,- € (D)/19,50 € (A)/33,30 CHF

■ **Kinder motivieren in 3 Minuten**
120 Übungen für alle Unterrichtssituationen
6-12 J., 184 S., 16 x 23 cm, Pb.
ISBN 978-3-8346-0418-7
Best.-Nr. 60418
17,80 € (D)/18,30 € (A)/31,20 CHF

■ **Vom Morgenkreis zum Abschiedslied**
Themen- und Methodenübergänge ohne Chaos
4-10 J., 119 S., 16 x 23 cm, Pb.
ISBN 978-3-86072-968-7
Best.-Nr. 2968
15,80 € (D)/16,25 € (A)/27,60 CHF

■ **111 Ideen für das 1. Schuljahr**
Vom ersten Schultag bis zum letzten Buchstabenfest
1, 243 S., 16 x 23 cm, Pb.
ISBN 978-3-8346-0363-0
Best.-Nr. 60363
19,50 € (D)/20,- € (A)/34,20 CHF

■ **Der Universal-Kalender für Kita und Grundschule**
3-10 J., 110 Karten, farbig A6, banderoliert
ISBN 978-3-8346-0591-7
Best.-Nr. 60591
19,80 € (D)/20,35 € (A)/34,70 CHF

■ **Bildkarten für Stundenplan und Tagesablauf**
Kl. 1-4, 46 S., A5 quer, 46 Karten, farbig + Begleitheft A5, banderoliert
ISBN 978-3-86072-956-4
Best.-Nr. 2956
17,50 € (D)/18,- € (A)/30,70 CHF

■ **Ohne Arbeitsblatt geht's auch!**
Praktische Alternativen zum Arbeitsblatt
Kl. 1-4, 99 S., A4, Pb.
ISBN 978-3-8346-0419-4
Best.-Nr. 60419
19,80 € (D)/20,35 € (A)/34,70 CHF

Verlag an der Ruhr

Keiner darf zurückbleiben

Informationen und Beispielseiten unter
www.verlagruhr.de

■ **Besser lernen durch Bewegung**
Spiele und Übungen fürs Gehirntraining
6–12 J., 208 S., 16 x 23 cm, Pb.
ISBN 978-3-8346-0417-0
Best.-Nr. 60417
18,50 € (D)/19,– € (A)/32,40 CHF

■ **Deutsch mit dem ganzen Körper**
60 Bewegungsspiele für alle Bereiche des Deutschunterrichts
Kl. 1–4, 98 S., 16 x 23 cm, Pb.
ISBN 978-3-8346-0481-1
Best.-Nr. 60481
12,80 € (D)/13,15 € (A)/23,– CHF

■ **Mathe mit dem ganzen Körper**
50 Bewegungsspiele zum Üben und Festigen
Kl. 1–4, 83 S., 16 x 23 cm, Pb.
ISBN 978-3-8346-0315-9
Best.-Nr. 60315
11,80 € (D)/12,15 € (A)/21,30 CHF

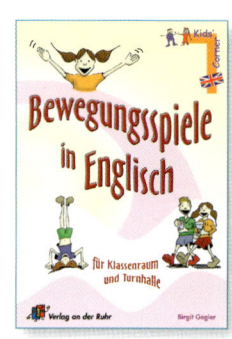

■ **Bewegungsspiele in Englisch – 1. Lernjahr**
Kl. 1–6, 102 S., 16 x 23 cm, Pb.
ISBN 978-3-86072-896-3
Best.-Nr. 2896
13,80 € (D)/14,20 € (A)/24,70 CHF

■ **Wir fangen an zu lesen!**
Individualisierte Materialien für den Erstleseunterricht
Kl. 1–2, 73 S., A4, Papph.
ISBN 978-3-8346-0426-2
Best.-Nr. 60426
19,50 € (D)/20,– € (A)/34,20 CHF

■ **Hurra, wir können lesen!**
Individualisierte Materialien für den Erstleseunterricht
Kl. 1–2, 74 S., A4, Papph.
ISBN 978-3-8346-0483-5
Best.-Nr. 60483
19,50 € (D)/20,– € (A)/34,20 CHF

■ **Das große Wortarten-Poster**
mit Kopiervorlagen
Kl. 2–4, A0 Poster inkl. 16 S. Begleitheft A4, in praktischer Aufbewahrungstasche
ISBN 978-3-8346-0368-5
Best.-Nr. 60368
13,50 € (D)/13,90 € (A)/24,30 CHF

■ **Die Satzbaustelle**
Satzbau anschaulich – mit Poster und differenzierten Arbeitsblättern
Kl. 2–4, 56 S., A4, Heft + farbiges Poster A0, in praktischer Aufbewahrungstasche
ISBN 978-3-8346-0619-8
Best.-Nr. 60619
17,50 € (D)/18,– € (A)/30,70 CHF

■ **Mit Fingern und Fäden**
Einfache Textiltechniken – Schritt für Schritt
6–10 J., 72 S., A4, Papph. (mit farb. Abb.)
ISBN 978-3-8346-0375-3
Best.-Nr. 60375
19,50 € (D)/20,– € (A)/34,20 CHF

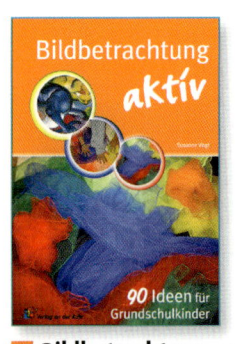

■ **Bildbetrachtung – aktiv**
90 Ideen für Grundschulkinder
6–10 J., 112 S., A4, Pb., farbig
ISBN 978-3-8346-0299-2
Best.-Nr. 60299
19,50 € (D)/20,– € (A)/34,20 CHF

■ **Ruhe tut gut!**
Fantasiereisen, Bewegungs- und Entspannungsübungen für Kinder
5–12 J., 101 S., 16 x 23 cm, Spiralb.
ISBN 978-3-8346-0420-0
Best.-Nr. 60420
16,80 € (D)/17,30 € (A)/29,50 CHF

■ **Kinder entspannen mit Yoga**
Von der kleinen Übung bis zum kompletten Kurs
5–10 J., 150 S., 21 x 22 cm, Pb.
ISBN 978-3-8346-0291-6
Best.-Nr. 60291
17,80 € (D)/18,30 € (A)/31,20 CHF